Libro 2

del
Alumno

¿Qué Hay?

T0355236

hristine Haylett
effrey Britton
largaret Leacock
orley Méndez
riola Pasos
eorgia Pinnock
ngie Ramnarine

OXFORD

Contenido

Guía de pronunciación   3

Unidad 1   El regreso   6
Unidad 2   ¡Bienvenidos a mi colegio!   22
Unidad 3   Mis estudios   33
Unidad 4   ¡Diviértete fuera de casa!   47
             Prueba 1: Unidades 1–4   61

Unidad 5   El ritmo de la vida   66
Unidad 6   Hogar, dulce hogar   83
Unidad 7   ¿Ayudas en casa?   96
Unidad 8   Mi querido pueblo   107
             Prueba 2: Unidades 5–8   121

Unidad 9   Pasarlo bien en casa   125
Unidad 10   Al aire libre   138
Unidad 11   Lo que más me gusta   153
Unidad 12   De profesión quiero ser...   166
             Prueba 3: Unidades 9–12   180

La Gramática   185
Vocabulario   195

Common classroom instructions

The following are commonly used classroom commands.
Two forms are given, singular (familiar) and plural.

Track: 1

Levántate/Levántense – Stand up

Siéntate/siéntense – Sit down

Abre/Abran (el libro)
– Open (the book)

Cierra/cierren (la ventana)
– Close (the window)

Lee/lean (el texto)
– Read (the text)

Escucha/escuchen (el diálogo)
– Listen to (the dialogue)

Escribe/escriban (el ejercicio)
– Write (the exercise)

*Habla/hablen (con tu/su
compañero de clase)*
– Speak with your classmate

Mira/miren (la pizarra)
– Look at (the board)

Toma/tomen (el cuaderno)
– Take (the exercise book)

Key to symbols

Reading activity		Writing activity		New material	
Listening activity		Speaking activity		Revision material	

 All audio can be found at **www.oxfordsecondary.com/que-hay-audio**

Guía de pronunciación

a	as in cat	casa	m	as in monkey	mano
e	as in egg	elefante	n	as in never	nada
i	like ee in seed	chica	ñ	like ny in canyon	mañana
o	as in pot	ropa	p	as in pencil	pizarra
u	like oo in pool	pupitre	qu	like k in kitten	que
b	as in big	bota	r	between vowels	para
c	before a, o, u as in cat	canguro		or at end of word as in ring	hablar
c	before e, i in Spain like th in thin,	cinco		at beginning of word, rolled	rubio
	in Latin America like s in set		rr	rolled as in curry	perro
ch	like ch in cheese	chico	s	as in since	casa
d	At start of word and after n or	día,	t	as in tan	tarta
	l *similar* to d in den but moving the	cuando,	v	like b in bay	vivo
	tip of your tongue behind your	toldo	w	(w is not a true phoneme	
	upper teeth			of the Spanish language. All	
d	between vowels and elsewhere			words with w are foreign in	
	like th as in this	adiós		origin and are pronounced the	
	at end of word like th in thin	Madrid		same as English.)	
f	as in few	falda	x	at beginning of word like s	Xochimilco
g	before a, o, u as in get	gato		before a consonant like s	extra
g	before –e, -i as in h in heel	gigante		between vowels like ks	taxi
gu	before e, i like g in get	guitarra		in some words like ch in loch	mexicano
h	always silent	hola	y	like j in judge or g in gym	yo
j	as in h in hook	jugo	y	like ee in seed when y	¿y tú?
k	as in kick	kilo		means *and,* or at the end of	Uruguay
l	as in long	Lola		a word	
ll	in Spain as lli in billion;	llama	z	in Spain like th in thin;	zanahoria
	in Latin America, Canaries,			in Latin America, Canaries	
	southern Spain like j in judge or	llama,		and southern Spain like s in set	
	g in gym	llave			

El alfabeto español

a	like [a] in apple	e	[ay]	m	[emay]	t	[tay]
b	a cross between [b] and [v] [bvay]	f	[effay]	n	[enay]	u	[oo]
		g	[hay]	ñ	[enyay]	v	[oobvay]
		h	[achay]	o	like [o] in hot	w	[oobvay doblay]
c	[say]	i	[ee]	p	[pay]	x	[ekees]
ch	[tchay]	j	[hota]	q	[koo]	y	[eegreeyayga]
d	a cross between [d] and [th] [dthay]	k	[ka]	r	[eray]	z	[seta]
		l	[elay]	rr	[erray]		
		ll	[elyay]	s	[essay]		

Note

ch, ll and **rr** are **no longer part of the Spanish alphabet** but they are included here for pronunciation purposes.

La importancia de los hispanos en el mundo

Hay mucha diversidad en la cultura hispana. Aqui tenemos algunos ejemplos.

Simón Bolívar es un héroe en muchas naciones latinoamericanas.

El equipo nacional de fútbol de España tiene mucho éxito. Fueron campeones del mundo en 2010, y campeones de Europa en 2008 y 2012.

El tango argentino es un baile muy popular en numerosos lugares.

La cultura hispana es una parte de la vida americana...

- Se calcula que en el año 2050 un 30% de la población estadounidense será hispana.

- Los hispanos son muy importantes. Contribuyen mucho a la vida norteamericana; por ejemplo, más de un millón son miembros de las fuerzas armadas.

- Desde 1968 cada año se celebra el mes hispano del 15 de septiembre al 15 de octubre: *Hispanic Heritage month*.

- El 15 de septiembre es el aniversario de la independencia de Costa Rica, El Salvador, Guatemala, Honduras y Nicaragua. También el 16 de septiembre es el de México y el 18 el de Chile. Se festeja con ejemplos de la cultura y tradiciones de las naciones hispanas.

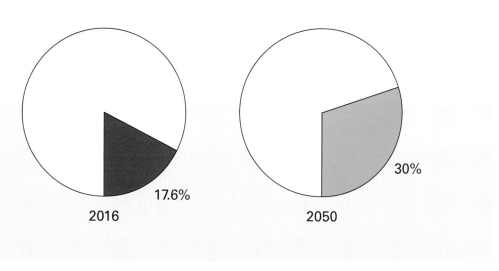

17.6%
2016

30%
2050

Hablantes de español como lengua materna en los Estados Unidos

... por eso, aprender el español es muy importante.

El regreso

In this unit you will:

- revise what to say when meeting new people
- remind yourself of useful words and phrases associated with school, and talk about how you get to school
- look again at how to express being hungry, thirsty, hot and cold

El nuevo alumno

Track: 4

Es lunes, 6 de septiembre, el primer día del nuevo año escolar. En el Instituto Morales hay un nuevo alumno. Eduardo y Marisol hablan con él.

Eduardo:	Hola. ¿Qué tal? ¿Cómo te llamas? Yo me llamo Eduardo y ella se llama Marisol. Es tu primer día, ¿verdad? Bienvenido al Instituto Morales.
Carlos:	Sí. Es mi primer día. Me llamo Carlos. Mucho gusto.
Marisol:	Encantada, Carlos. ¿De dónde eres?
Carlos:	Soy de un pueblo pequeño en el campo que se llama Laredo. ¿Y ustedes?
Eduardo:	Somos de aquí, de la ciudad. ¿Dónde vives?
Carlos:	Vivo en la Calle Puertasol.
Eduardo:	¡Qué bien! Yo vivo muy cerca, en la Avenida Rivera...Clara, mira, te presento a Carlos. Es de Laredo. Es su primer día aquí. Carlos, esta es Clara. Alejandro y Jaime, les presento a Carlos.
Alejandro y Jaime:	Mucho gusto, Carlos.

Gramática

Have you noticed the different ways of introducing people?

Este/Esta/Estos/Estas es/son... (y...) a less formal introduction
This is/These are...

Or

$$\left.\begin{array}{l} Te \\ Le \\ Les \end{array}\right\} \; presento\ a... \text{ which is more formal}$$

(May) I introduce you to...

In the latter, we see three different ways of saying 'you'.
The first (*te*) is informal and is used for a family member, a friend, someone who is an equal, or an adult speaking to a child.

The second (*le*) is used when addressing one person more formally, perhaps someone you don't know, or maybe a doctor or a teacher, someone to whom you owe respect.

The third (*les*) is used when addressing more than one person, whether informally or formally.

EXPRESIONES ÚTILES

¿Qué tal?	*How are you?*
¿Cómo te llamas?	*What is your name?*
Bienvenido	*Welcome*
Mucho gusto	*Pleased to meet you*
¿De dónde eres?	*Where are you from?*
Soy de...	*I am from...*
Somos de...	*We are from...*
Es de...	*He/She is from...*
¿Dónde vives?	*Where do you live?*
Te/Le/Les presento a...	*May I introduce...*
Este/Esta es...	*This is...*
¡Qué bien!	*That's great!*

Escucha y empareja cada diálogo con el dibujo apropiado.
Listen and pair up each dialogue with the correct picture.

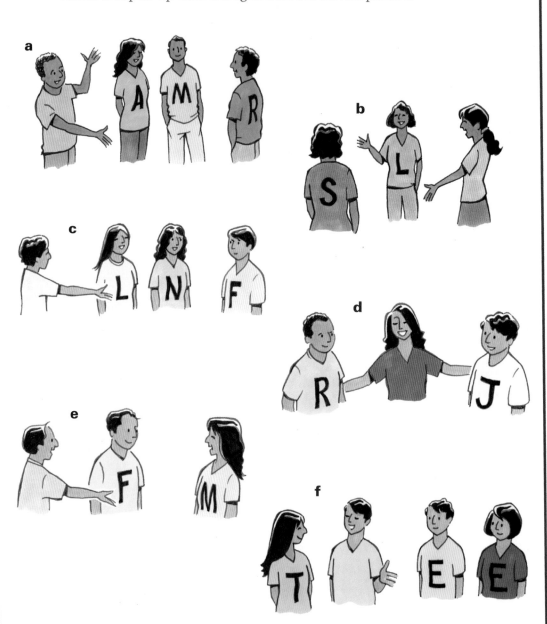

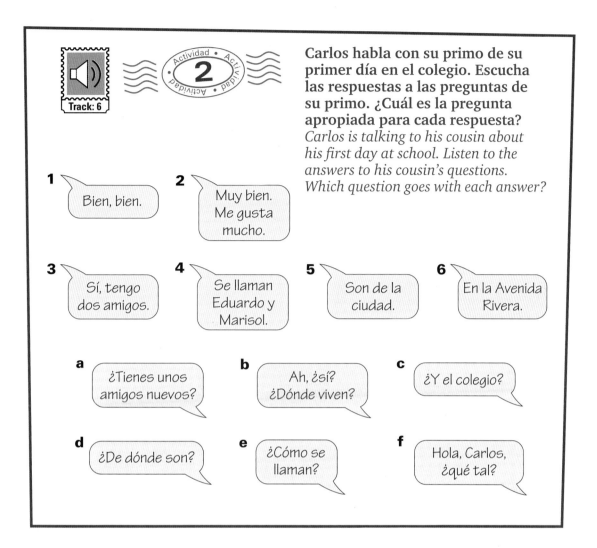

Track: 6

Actividad 2

Carlos habla con su primo de su primer día en el colegio. Escucha las respuestas a las preguntas de su primo. ¿Cuál es la pregunta apropiada para cada respuesta?
Carlos is talking to his cousin about his first day at school. Listen to the answers to his cousin's questions. Which question goes with each answer?

1 Bien, bien.

2 Muy bien. Me gusta mucho.

3 Sí, tengo dos amigos.

4 Se llaman Eduardo y Marisol.

5 Son de la ciudad.

6 En la Avenida Rivera.

a ¿Tienes unos amigos nuevos?

b Ah, ¿sí? ¿Dónde viven?

c ¿Y el colegio?

d ¿De dónde son?

e ¿Cómo se llaman?

f Hola, Carlos, ¿qué tal?

Actividad 3

Imagina que hay un nuevo alumno en la clase. Trabaja en grupos de tres personas. Una es el nuevo alumno, otra presenta el nuevo alumno a un amigo, y la última persona pregunta algunos detalles personales. Luego cambia de roles.
Imagine that there is a new pupil in the class. Work in groups of three people. One is the new pupil, another one introduces the new pupil to a friend, and the last one asks some personal details. Then swap roles.

Escribe un correo electrónico a un amigo hablando de un nuevo alumno en tu clase. Da cuatro detalles personales del nuevo alumno.

Write an email to a friend talking about a new pupil in your class. Give four personal details about the new pupil.

| Enviar | Dirección | ABC Ortografía | Adjuntar | Seguridad | Guardar |

Hola, Javi. Hoy es el primer día del año. En clase tenemos un nuevo alumno. …

En el aula

Track: 7

Eduardo: Bueno, Carlos. Esta aula es grande, mira. Es nuestra clase.
La mesa del profesor está ahí, al lado de la ventana.
Somos 14 en la clase, pero hay 16 pupitres.
Esta estantería es para los cuadernos de deberes. Aquí tengo mi tarea de matemáticas.
Hay casilleros para los libros ahí al fondo.
La papelera está debajo de la mesa del profesor.
¿Tienes todo en el estuche? ¿Lápices, bolígrafos, un sacapuntas?
Si necesitas algo, hay una tienda pequeña en la oficina.
Hay de todo… gomas de borrar, reglas, calculadoras, para comprar.

el aula (f)	*classroom*
ahí	*there*
la estantería	*shelves*
el casillero	*locker*
al fondo	*at the back*
la papelera	*wastepaper bin*
hay de todo	*there is everything*
comprar	*to buy*

Gramática

Did you notice something strange about the word *el aula*? The word ends with an -*a* and is feminine, but takes the masculine article *el*.
This happens when a word ends in a stressed 'a' and the next begins with a stressed 'a'. Changing the article to *el* avoids the repeated 'open' sound produced by two strong vowels pronounced together. So we can say *esta aula*, because the 'e' of *esta* is the stronger vowel sound, but we have to say *el aula*.

The same applies to *el agua* (water). *Agua* is feminine and adjectives must be made feminine to agree with it. For example: *el agua está buena*.

Note also the difference between the words *el aula* and *la clase*. *El aula* is the classroom, *la clase* is the group of students in the classroom, or the lesson.

Gramática

Es nuestra aula.
La mesa está al lado de la ventana.

Do you recall when we use the verb *ser* and when we use the verb *estar*? Both can be translated into English as the verb 'to be' but there are very different situations in which they are used.

Ser is used:
- to identify something: *Es nuestra aula.*
- in description of physical characteristics: *Es alto.*
- for professions: *Es profesor.*
- for nationality: *Es español.*
- in time expressions: *Es la una, son las dos.*

Estar is used:
- to locate people and objects: *Está al lado de la ventana.*
- to express feelings: *Estoy contenta hoy.*
- to express state of health: *Estoy bien.*

Mira el dibujo del aula e indica si estas afirmaciones son verdaderas o falsas.

Look at the picture of the classroom and indicate if the following statements are true or false.

1 En el aula hay doce pupitres.

2 La estantería está entre las ventanas.

3 El reloj está enfrente de las ventanas.

4 Los casilleros están al lado de la puerta.

5 El estuche está debajo de la mesa.

6 La mochila está en el pupitre.

VOCABULARIO	
el reloj	*clock*

Por ejemplo:

> En el aula hay
> una pizarra.

> En el aula hay una
> pizarra y unas sillas.

> En el aula hay una pizarra, unas
> sillas y unas mochilas.

Un juego de memoria. Juega con los otros miembros de la clase. Una persona empieza con la frase 'En el aula hay...' y cada persona añade una cosa a la lista de lo que hay.

A memory game. Play with the other members of the class. One person begins with the phrase 'En el aula hay...' and each person has to add to the list of what there is.

Escribe al menos cinco frases para describir tu aula y la posición de las cosas que están en el aula.
Write at least five sentences to describe your classroom and the position of the things that are in the classroom.

Situaciones

Responde a estas situaciones en español.

1 A new pupil comes to the class and wants to know how many pupils are in the class. What does she ask and what do you reply?

2 The principal wants to know how many desks are in the classroom. What does she ask and what does the teacher reply?

3 Your friend wants to know where the wastepaper bin is. What does he ask and what do you reply?

4 The teacher wants to know if there is an eraser. What does he ask? What do you say in your reply in which you tell him where it is?

El transporte ecológico

Track: 8

Es la primera reunión del trimestre. El director habla de sus buenos propósitos para este nuevo año escolar.

Este año es mi intención promocionar el uso del transporte público.
Y esta semana vamos a empezar la campaña.
¿Quién viene al colegio en carro?
¿Y a pie?
¿En bicicleta?
¿Y quiénes vienen en transporte público – en autobús, en tren, en taxi, en camioneta o en metro?
¿En autobús escolar?
Excelente. Son las mejores maneras de viajar.
¡Todos por el transporte ecológico!

Nota Cultural

As is the case for many things across the Spanish-speaking world, there are variations in the words used for different forms of transport. You may see *carro* or *coche* for 'car', and 'bus' is referred to as *la guagua* in Cuba, *la camioneta* in Colombia and Venezuela, and *el autobús* in other Spanish-speaking countries.

In Cuba a longer bus is called *un camello* (which literally means 'a camel'), and in Mexico an articulated bus is called *un gusano* (which means 'a worm'). *Un camión* is another word for 'bus' in Mexico, but means 'truck' in other countries.

VOCABULARIO

ecológico/a	environmentally friendly
la reunión	assembly
el trimestre	term
los buenos propósitos	resolutions
promocionar	to promote
empezar	to begin
la campaña	campaign

EXPRESIONES ÚTILES

en carro	by car
a pie	on foot
en bicicleta	by bicycle
en autobús	by bus
en tren	by train
en taxi	by taxi
en camioneta	by truck
en metro	by underground railway

Gramática

Did you notice in the texts on pages 10 and 14 the words *este* and *esta*? They are known as **demonstrative adjectives** and agree in number and gender with the noun to which they refer, just like other adjectives.
For example: *este año, esta semana, estos carros, estas bicicletas*.
Try using a few of these words yourself, for example: 'this book is interesting', 'these books are boring'.

Actividad 8 — Track: 9

Los estudiantes hablan de la campaña del director. Escucha y contesta las preguntas.
The students are talking about the headteacher's campaign. Listen and answer the questions.

1 How does Federico get to school?

2 Does Marcos always take the bus? Why (not)?

3 Why does the girl come to school by bicycle?

4 How do the teachers get to school?

Nota Cultural

In Mexico many public buses run on *magnasin gas,* which is better for the environment. Can you find out about other projects which may help the environment in Latin America and the Caribbean?

Gramática

When you listened to the conversation in Activity 8, did you notice how words like *normalmente* add interest to what you say?

Here are a few more of these **adverbs of frequency**.

siempre	always
a veces	sometimes
a menudo	often
muchas veces	often, many times
demasiado	too much

Actividad 9

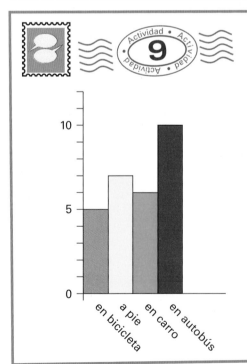

Pregunta a los otros miembros de la clase cómo vienen al colegio. Luego prepara un gráfico para mostrar los distintos medios de transporte que usan.
Ask other members of the class how they come to school. Then prepare a graph to show the different types of transport they use.

Por ejemplo:

¿Cómo vienes al colegio normalmente?

Normalmente vengo en bicicleta.

10

Con la ayuda del cuadro, prepara frases donde hablas de los distintos medios de transporte.
With the help of the grid, prepare sentences in which you talk about the different means of transport.

Por ejemplo:
Para ir al trabajo, mi mamá va siempre en autobús.

Para ir…	yo	llego/viajo/ vengo/voy	normalmente	en carro
…a la escuela	tú	llegas/viajas/ vienes/vas	siempre a menudo	en taxi en bicicleta
…a casa			a veces	en metro
…a México	mi hermana	llega/viaja/ viene/va	muchas veces	en avión
…a la ciudad	mi papá/mamá		demasiado	en tren en autobús
…al aeropuerto	nosotros mi madre y yo	llegamos/ viajamos/ venimos/vamos		a pie en motocicleta
…al trabajo …	mis padres mis amigos ellos	llegan/viajan/ vienen/van		en minibús en bote en barca/barco

VOCABULARIO

en motocicleta	*by motorcycle*
en minibús	*by minibus*
en bote/ barca/barco	*by boat*

Track: 10

Los alumnos se reúnen en el patio. Es la hora del recreo. Carlos habla con sus nuevos amigos y luego entran en clase.

Eduardo: ¡Hola, Carlos! ¿Qué tal el primer día?
Carlos: Muy bien. Me gusta todo.
Marisol: ¿Tienes hambre o sed? ¿Quieres tomar algo? Hay una cafetería al otro lado del patio.
Carlos: No gracias. Estoy bien.

Profesora: ¡Huy! ¡Qué calor tengo!
            Abre la ventana, por favor.
Carlos: No, señora, por favor.
            Está lloviendo. Tenemos frío.

VOCABULARIO

el recreo	*break*
reunirse	*to meet up*
el patio	*school yard*
abrir	*to open*

Gramática

Do you recall the expressions we have already met which use the verb *tener*?

¿Cuántos años tiene?

Brrr… tengo frío.

Ay, ¡qué calor tengo!

¿Tienes sed/hambre?

  Actividad **11**

Escucha y lee los diálogos de la página 18 otra vez. Luego contesta las preguntas en inglés.
Listen and read the dialogues on page 18 again. Then answer the questions in English.

Track: 10

1 What does Marisol suggest they do if Carlos is hungry or thirsty?

2 Why does Carlos not want the window open?

Actividad **12**

Empareja las frases 1-4 con las que mejor convengan de a-d.
Pair up the sentences 1-4 with the ones that match best from a-d.

1 ¿Por qué llevas* el jersey?

2 ¿Tienes sed?

3 ¿Qué tomas? ¿Un bocadillo?

4 Tengo calor.

a ¿Quieres un jugo?

b ¿Quieres un helado?

c Tengo frío.

d Sí, gracias. Tengo hambre.

*llevas = *you are wearing*

Imagina que eres la persona en cada dibujo. ¿Qué dices en cada situación?
Imagine you are the person in each picture. What do you say in each situation?

Preguntas

1 ¿De dónde eres tú?
2 ¿Cuántos años tienes?
3 ¿Cómo vienes al instituto?
4 Describe tu aula.

Situaciones

Responde a estas situaciones en español.

1 You come home from school and you are hungry. What do you say to your mother? What does she respond?
2 After the football match, you and your friends are very thirsty. You go to speak to your coach. What do you say? What does he/she respond?

Chiste
¿Qué dice el mar a la playa?
(H)ola.

(H)ola.

Lee el siguiente texto y contesta las preguntas.
Read the following text and answer the questions.

Los alumnos de mi clase somos de distintas partes de la ciudad. Algunos viven lejos y vienen en autobús. Pero otros, como yo, venimos a pie porque vivimos bastante cerca. Me gusta ir a pie porque siempre hay mucho tráfico y en autobús o en carro el viaje es muy lento*. Sin embargo prefiero ir en bicicleta, porque es más rápido.

*lento = *slow*

1 Why do some go to school by bus?

2 How does the writer get to school?

3 Why does he like this method?

4 What is the author's preferred means of transport?

5 Why?

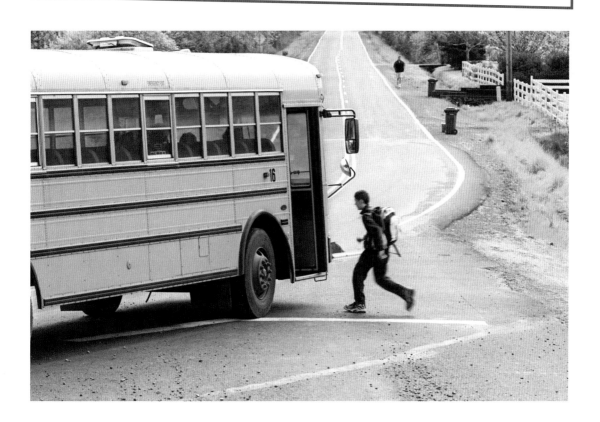

¡Bienvenidos a mi colegio!

In this unit you will:

- say what sort of school you go to
- describe where it is
- talk about the facilities in the school
- seek and offer opinions about the school

El colegio nuevo

Track: 11

Isabel:	Hola, Carlota.
Carlota:	Hola, Isabel. ¿Qué tal? ¿Qué tienes?
Isabel:	Tengo una carta de mi amiga Beatriz. Habla de su colegio. Escucha…

Villahermosa
6 de octubre

Querida Isabel:

Esta semana es muy importante en este colegio porque es la ceremonia oficial para inaugurar los nuevos edificios que tenemos.

El otro colegio es muy anticuado. Esas aulas son pequeñas, no funciona bien la electricidad y no hay muchas instalaciones para los alumnos.

Pero la nueva construcción es fantástica. Tenemos un auditorio enorme, unos laboratorios muy modernos, especialmente el laboratorio de computación. También hay una biblioteca con aire acondicionado y un comedor nuevo.

Hay un gimnasio impresionante y al exterior tenemos unas canchas polideportivas.

Hay una sala nueva para los profesores y oficinas para las secretarias y la directora.

¡Todo es súper moderno! ¡Es fantástico!

Un abrazo de

Beatriz

Carlota: ¡Qué suerte tiene ella!

VOCABULARIO

inaugurar	to inaugurate
funcionar	to work
las instalaciones	facilities
el auditorio	assembly hall
el laboratorio	laboratory
el laboratorio de computación	computer room
la biblioteca	library
el comedor	dining room
el gimnasio	gym
impresionante	impressive
la cancha	court, pitch
la oficina	office
la directora	headmistress
bonito/a	pretty
¡qué suerte!	how lucky!

Gramática

In informal letter-writing, notice how you write the place you are writing from and the date at the top right-hand side.

The greeting: *Querido…* ('Dear…') and the ending: *Un abrazo de…* ('Love from…') in the letter on page 22 are typical of the expressions used in a letter between friends.

Note that *Querido* becomes *Querida* when writing to a female.

Actividad 1

Escucha a los jóvenes. ¿Qué dicen de su colegio? Apunta cuatro cosas por persona.
Listen to the young people. What do they say about their school? Note down four things for each person.

Track: 12

Actividad 2

Toma turnos con tu pareja para describir tu colegio. ¿Cuántas frases pueden hacer?
Take turns with your classmate to describe your school. How many sentences can you make?

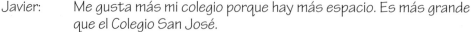

Me gusta mi colegio

Dos amigos conversan sobre cuál de sus colegios es mejor.

Javier:	Me gusta más mi colegio porque hay más espacio. Es más grande que el Colegio San José.
Diego:	Sí, pero esto es porque no hay tantas instalaciones.
Javier:	¡Qué va! Tenemos de todo. Además prefiero mi colegio porque es mixto.
Diego:	No, a mi ver es mejor si las clases no son mixtas.
Javier:	En mi opinión es más divertido en un colegio mixto que en un colegio sólo para chicos o chicas.
Diego:	Quizás. Pero en el Colegio San José tenemos mejores profesores.
Javier:	No es verdad. Yo creo que los profesores en mi escuela son muy simpáticos y muy buenos.
Diego:	Y no tenemos uniforme. ¡Qué bueno! No me gusta el uniforme.
Javier:	Yo pienso que el uniforme es importante para la imagen del colegio. Es más elegante.
Diego:	Me parece que es más moderno no tener uniforme.
Javier:	Bueno, está bien. Cada uno piensa que su colegio es el mejor.

Track: 13

VOCABULARIO

conversar sobre	to discuss
mejor	better
el espacio	space
tanto/a/os/as	so much, so many
mixto/a	mixed
divertido/a	fun
quizás	perhaps
la imagen	image
cada uno	each one
el mejor	the best

EXPRESIONES ÚTILES

¿cuál de sus colegios?	which of their schools?
¡qué va!	not at all!, no way!
tenemos de todo	we have everything
a mi ver	in my opinion
no es verdad	it's not true

Gramática

Did you notice the phrases Diego and Javier use to state their opinions?
A mi ver..., En mi opinión..., Yo creo que..., Yo pienso que..., Me parece que...

Try to remember them and use a different one every time you say what you think in Spanish.

Gramática

*Es **más** divertido en un colegio mixto **que** en un colegio sólo para chicos o chicas.*
Do you see how *más… que* is used when we want to compare things with
different qualities? For example: *Mi casa es más pequeña que tu casa.*
Mejor is an irregular comparison (from *bueno*), meaning 'better'. For example:
Mi colegio es mejor que tu colegio.

Lee estas frases e indica si son verdaderas o falsas.
Read these sentences and indicate if they are true or false.

1 En el colegio de Javier no hay mucho espacio.

2 El colegio de Javier es mixto.

3 A Javier no le gustan los colegios mixtos.

4 Javier cree que los profesores de su colegio son antipáticos.

5 Hay uniforme en el colegio de Javier.

Corrige las frases falsas de la Actividad 3.
Correct the false sentences from Activity 3.

Pregunta a tu pareja las preguntas siguientes. Usa las frases de la página 24 para expresar tu opinión.
Ask your classmate the following questions. Use the phrases from page 24 to express your opinions.

¿Qué opinas del uniforme?

¿Te gustan los colegios mixtos?

¿Prefieres un colegio grande o pequeño?

¿Cuál es mejor, un colegio antiguo o moderno?

El nuevo colegio

Carmen:	Hola, Juana.
Juana:	Hola, Carmen. ¿Cómo estás?
Carmen:	Regular. Mira…mi padre tiene un nuevo empleo. Vamos a la ciudad y tengo que buscar un nuevo colegio.
Juana:	Bueno, en la ciudad hay muchos colegios muy buenos.
Carmen:	Sí, pero son todos distintos. ¿Cómo voy a investigar cuál es el mejor?
Juana:	Vamos al laboratorio de computación. Hay páginas de internet que dan mucha información sobre todo en la ciudad.

Track: 14

En el laboratorio de computación

Juana:	Mira estas páginas de internet. Aquí ponen detalles de todos los colegios.

Colegio público San Fernando

Avenida de la Bolsa

En pleno centro de la ciudad

Mixto con 1.400 alumnos

Edades de 11 a 18

Instalaciones modernas

Biblioteca, piscina, gimnasio, canchas de deportes

Campeones de la Liga Escolar en fútbol

El Convento de Nuestra Señora

Paseo de la Libertad

Sólo para chicas, con 450 alumnas de 3 a 18 años

Instituto privado

Situado en el barrio de Santa Cruz, cerca del mar

Varias instalaciones

El edificio principal data de 1940

Laboratorios nuevos

Instituto francés Marie Curie

Calle Buena Vista

Situado en una bonita zona rural

Mixto con 600 alumnos

Especialidad en la enseñanza de idiomas

Visitas escolares e intercambios con muchos países

Gramática

Compare the heading to the dialogue on page 26 with the heading on page 22. Do you notice a difference? Can you imagine why it might be different?

When *nuevo* follows the noun it means that something is brand new. When it comes before the noun, it means new as in 'different'. For example: *un carro nuevo*, a brand-new car; *un nuevo carro*, a second-hand, but recently acquired, car.

Compare the heading to the dialogue on page 26 with the heading on page 22.

VOCABULARIO

el empleo	job
buscar	to look for
distinto/a	different
un colegio público	state-run school
en pleno centro	right in the centre
la edad	age
la piscina	swimming pool
privado/a	private
situado/a	situated
principal	main
data de	(it) dates from
la enseñanza	teaching
el idioma	language
el intercambio	exchange

Escoge la respuesta más apropiada: A, B o C, a estas preguntas.
Choose the most appropriate answer, A, B or C, to these questions.

1 ¿En cuál de los colegios no se admiten chicos?

2 ¿Qué colegio está situado cerca de la costa?

3 ¿Qué colegio está situado en una zona urbana?

4 ¿Cuál es el colegio más grande, con más alumnos?

5 Te gustan los deportes. ¿Cuál es el mejor colegio para los deportes?

6 Quieres aprender español y francés. ¿Qué colegio es mejor?

A Colegio público San Fernando

B El Convento de Nuestra Señora

C Instituto francés Marie Curie

**Toma turnos con tu pareja para describir uno de los colegios.
Tu pareja tiene que decir cuál es.**
*Take turns with your classmate to describe one of the schools.
Your classmate has to say which one it is.*

**Trabaja con tu pareja. Lee las páginas de internet
otra vez y toma turnos para preguntar y contestar.**
*Work with your classmate. Read the Internet pages
again and take turns
to ask and answer.*

¿Qué te parece el Colegio
público San Fernando?

¿Qué opinas de...?

¿Cuál prefieres?

¿Por qué te gusta más?

Luego compara los colegios. Usa estos adjetivos:
Then compare the schools. Use these adjectives:

grande/pequeño   moderno/antiguo   feo/bonito

Una visita guiada

Hay un nuevo alumno en la clase de Adrián.
Él visita el colegio con Adrián.

Profesor:	Buenos días, alumnos.
	Este es el nuevo estudiante, Félix Martínez.
Félix:	Hola, ¿qué tal? Buenos días.
Profesor:	Adrián, por favor, tú eres un buen guía. Una visita guiada para Félix.
Adrián:	Mira, Félix. Aquí está el auditorio, al lado de las oficinas.
	La oficina del director está al final del pasillo.
	La biblioteca está a la izquierda.
	Y los laboratorios están enfrente del auditorio, a la derecha.
	La cafetería está detrás.
	La cancha de baloncesto y nétbol está cerca del colegio.
	Pero el campo de criquet y fútbol está lejos.

Track: 15

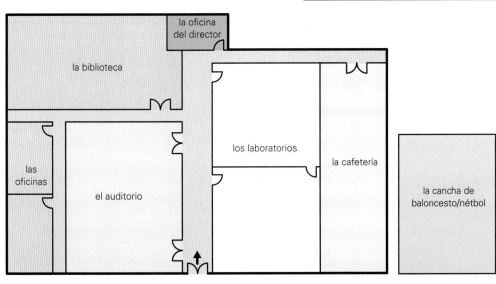

el campo de criquet/fútbol

la oficina del director

la biblioteca

los laboratorios

la cafetería

las oficinas

el auditorio

la cancha de baloncesto/nétbol

VOCABULARIO

una visita guiada	*guided visit*	al final de	*at the end of*
un buen guía	*a good guide*	a la izquierda	*on the left*
el pasillo	*corridor*	a la derecha	*on the right*
el campo	*field*		

Gramática

Do you remember that the verb *estar* is the one we use when we want to describe where something is?

Gramática

Until very recently there would have been a written accent on the first '*e*' of *este* (2nd line of dialogue, page 29). The *Real Academia* (the organisation which monitors and rules on the Spanish language) decreed that the written accent is no longer needed, unless there is any ambiguity or confusion. In some older texts you may still see the accent.

This is a very good example of how language changes over the years.

Actividad 9

Con referencia al diálogo de la página 29, escoge la respuesta más apropiada a las preguntas siguientes.

With reference to the dialogue on page 29, choose the most appropriate answer to the following questions.

1 ¿Dónde está el auditorio?
  a Está al lado de la oficina del director.
  b Está al lado de las oficinas.
  c Está cerca del campo de criquet y fútbol.
  d Está enfrente de la biblioteca.

2 ¿Qué está enfrente de los laboratorios?
  a La oficina del director está enfrente de los laboratorios.
  b La cafetería está enfrente de los laboratorios.
  c El auditorio está enfrente de los laboratorios.
  d Las oficinas están enfrente de los laboratorios.

3 ¿Dónde está la cafetería?
  a Está enfrente de las oficinas.
  b Está lejos de la cancha de baloncesto.
  c Está al final del pasillo.
  d Está detrás de los laboratorios.

4 ¿Dónde está el campo de criquet y fútbol?
  a No está cerca.
  b Está cerca.
  c Está enfrente de la biblioteca.
  d Está detrás de la cancha de baloncesto.

Escucha la descripción del colegio.
Identifica dónde está cada instalación.
Listen to the description of the school.
Identify where each facility is.

1 la oficina del director

2 el auditorio

3 la oficina de la secretaria

4 la biblioteca

5 el laboratorio

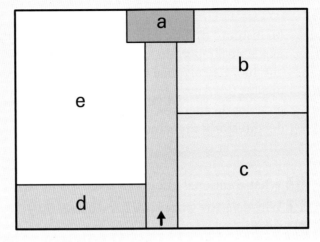

Escribe una descripción del colegio de la
Actividad 10. Contesta las preguntas.
Write a description of the school in
Activity 10. Answer the questions.

- ¿Qué hay a la derecha del pasillo?
- ¿Qué está entre la oficina de la secretaria y la oficina del director?
- ¿Y entre la biblioteca y la oficina del director?

Toma turnos con tu pareja para hacer
una frase que describe dónde están las
instalaciones en tu colegio.
Take turns with your classmate to say a
sentence which describes where the facilities
in your school are.

Situaciones

Responde a estas situaciones en español.

1 You are chatting online with a pen pal. You want to find out
what his/her school is like. What do you ask?

2 You have gone to a new school and want to email your
opinion of it to a friend. What do you write?

3 You are asked to state your preference for a mixed school.
What do you write?

Actividad 13

Lee el siguiente texto y contesta las preguntas.
Read the following text and answer the questions.

Mi instituto es muy antiguo. ¡Es el viejo instituto de mi papá! Pero me gusta mucho porque los profesores son muy simpáticos. Y no todo es antiguo. Hay algunas instalaciones modernas, como los laboratorios nuevos (los asistentes son muy amables), y un gimnasio con los últimos modelos de aparatos. La parte más antigua es donde están las oficinas del director y su secretaria, y la sala de reunión de los profesores.

1 What additional information tells us the writer's school is so old?

2 Why does the writer like his school?

3 What are the laboratories like?

4 Who is pleasant?

5 What does the gym have in it?

6 Where are the school offices and staff room?

Nota Cultural

Of all the Spanish-speaking nations of Central and South America, Cuba stands out for its education system. It is the nation that allocates the highest share of the national budget (13%) to education. The average in the rest of the area is 5%.

el mar Caribe

Mis estudios

In this unit you will:

- learn the names of the different school subjects
- seek others' opinions of these subjects
- express your personal preferences for your subjects and give reasons
- discuss your school timetable

¿Qué clases tienes?

Track: 17

Raúl:	¿Qué clases tienes hoy?
Juana:	Es un día muy malo. Tengo historia, ciencias, matemáticas y religión.
Raúl:	Pero, ¿no tienes deporte hoy?
Juana:	No, hoy es martes, ¿no?
Raúl:	No, ¡qué va! Hoy es miércoles.
Juana:	Ah, sí. Es verdad. ¡Qué bien! Es un buen día para mí. Tengo inglés, español, música y deporte. ¡Ay no! Pero no tengo mis tenis. ¡Qué horror! Tengo un gran problema.

Gramática

Es un buen día. Tengo un gran problema. Do you see something odd about the adjectives in these sentences? Normally we would expect to see *bueno* or *grande*. The position of these adjectives is also unusual. Where would you expect adjectives to be? The normal place is after the noun.

When certain adjectives, among them *bueno, malo* and *grande*, are placed before a masculine singular noun, they are shortened to become *buen, mal* and *gran*. In the case of the latter, *gran,* the meaning also changes and 'big' becomes 'great'.

Las asignaturas

el inglés   el francés   el español

la historia   la geografía   el latín   las matemáticas   la biología

la química   la física   la religión   la educación física   la informática

el teatro   el dibujo técnico   el arte   la cocina   la música

el portugués   los estudios sociales   la contabilidad
los principios de negocios   la educación familiar

VOCABULARIO

las ciencias	*science*	el portugués	*Portuguese*
el deporte	*sport/PE*	los estudios sociales	*social studies*
¡qué bien!	*that's great*	la contabilidad	*accounting*
los tenis	*sneakers*	los principios de negocios	*principles of business*
		la educación familiar	*family life education*

Toma turnos con tu pareja.
Pregunta y contesta.
Take turns with your classmate.
Ask and answer.

¿Qué clases tienes hoy?

¿Y mañana?

¿Y pasado mañana*?

¿Cuál es tu día preferido?
¿Qué clases tienes?

*pasado mañana = *the day after tomorrow*

Trabaja con tu compañero/a. Pregunta qué clases hay para rellenar los espacios en tu horario. El/la compañero/a A trabaja en esta página y el/la compañero/a B trabaja en la página 184.
Work with your classmate. Ask what classes there are to fill in the gaps in your timetable. Classmate A works on this page and classmate B works on page 184.

Classmate A asks classmate B: ¿Qué clases hay el lunes/martes… etc?

Classmate A answers questions from classmate B:

lunes	martes	miércoles	jueves	viernes
geografía	religión	informática	geografía	**e**
a	historia	**c**	historia	inglés
b	matemáticas	**d**	educación física	educación física
biología	inglés	inglés	educación familiar	religión
inglés	dibujo técnico	física	español	teatro

Escucha a los alumnos. ¿Cuál es su día preferido?

Listen to the pupils. Which is their favourite day?

1 Sonia   **4** Josefina

2 Alberto   **5** Roberto

3 Carolina   **6** Jaime

lunes	martes	miércoles	jueves	viernes
matemáticas	química	inglés	religión	contabilidad
español	informática	biología	matemáticas	inglés
EL RECREO				
geografía	religión	matemáticas	español	historia
física	inglés	matemáticas	inglés	geografía
EL ALMUERZO				
historia	matemáticas	teatro	biología	física
dibujo técnico	español	química	educación física	educación física

Inventa tu horario ideal.
Create your ideal timetable.

Track: 19

Mamá:	Vamos Martita. Es hora de salir para el colegio.
Marta:	Mamá, no quiero ir.
Mamá:	Pero, ¿qué? ¿Que no quieres ir? ¿Por qué?
Marta:	No me gusta el colegio.
Mamá:	Pero, hija, ¿por qué?
Marta:	Porque hoy es lunes, y no me gustan los lunes.
Mamá:	¿Por qué?
Marta:	Porque tenemos clases de ciencias, y no me interesan las ciencias. Y hay matemáticas. No me gustan las matemáticas tampoco. Me aburren.
Mamá:	Pero, ¿no te gusta el deporte? Hay clase de educación física el lunes.
Marta:	Sí, es verdad. Bueno, ahora voy. Me encanta el deporte. Es muy divertido.

EXPRESIONES ÚTILES

Vamos	Come on
es hora de…	it is time to…
es lunes	it is Monday
los lunes	Mondays (also **on** Mondays)*
el lunes	on Monday
me aburren	(they) bore me
tampoco	neither/nor/ either

*Note that the other days of the week follow the same pattern as shown here for Monday

Contesta las preguntas sobre la conversación en la página 37.
Answer the questions on the conversation from page 37.

1 ¿Por qué Marta no quiere ir al colegio?

2 ¿Por qué no le gusta el lunes a Marta?

3 ¿Qué asignatura no le interesa?

4 ¿Qué otra asignatura no le gusta?

5 ¿Por qué le encanta el deporte?

Gramática

Do you remember how we say what we like in Spanish? We use the verb *gustar* in the third person, either singular or plural depending on whether the thing that is liked, or the thing 'that pleases', is singular or plural. For example:

Me gusta el español	*Me gustan las matemáticas*
Te gusta el deporte	*Te gustan las ciencias*
Le gusta la historia	*Le gustan el francés y el inglés*

The pronoun changes according to who is doing the liking or is being pleased:
Me gusta(n) – I like (it/they please(s) me)
Te gusta(n) – you like (it/they please(s) you)
Le gusta(n) – he/she/it likes, you like (it/they please(s) him/her/it/you)
Nos gusta(n) – we like (it/they please(s) us)
Les gusta(n) – they/you like (it/they please(s) them/you)

There are also some other verbs which can be used in the same way.
For example: *me encanta, me interesa, me aburren las matemáticas.*

Note how we make these sentences negative, by putting *no* before the pronoun.
For example: **No** *me gusta el deporte,* **no** *me interesan las matemáticas.*

If we wish to make a strong statement about something we don't like, we can add *nada*. For example: *No me gusta* **nada** *la geografía.* I don't like geography **at all**.

Other negatives include the following:

No me gusta **ni** *la geografía,* **ni** *la historia.*	I don't like **either** geography **or** history.
No me interesa el teatro, **tampoco** *me gusta el inglés.*	Drama doesn't interest me, **nor** do I like English.

Actividad 6

Escoge varias asignaturas y pregunta a tus compañeros si les gustan o no. Luego cuenta a la clase las respuestas.

Choose several subjects and ask your classmates if they like them or not. Then tell the class the replies.

Por ejemplo:

A: Sandra, ¿te gusta la geografía?

B: No, no me gusta la geografía.

A: A Sandra no le gusta la geografía.

Track: 20

Actividad 7

Escucha las conversaciones. Copia y rellena el cuadro según la información que entiendes.

Listen to the conversations. Copy and fill in the grid according to the information you hear.

	Day liked/disliked	Reason
Clara		
Mateo		
Carlos		
Elena		

Actividad 8

Track: 21

Escucha a los alumnos. ¿Les gustan (✓) o no les gustan (✗) las asignaturas? Copia y rellena el cuadro.

Listen to the students. Do they like (✓) or dislike (✗) the subjects? Copy and fill in the grid.

Track: 22

Luis:	Tenemos una nueva profesora de historia. No es muy simpática. Grita mucho.
Mamá:	Quizás es porque hablan mucho en clase.
Luis:	No. Somos muy buenos alumnos. Pero la clase es aburrida.
Alonso:	A mí me gusta la historia. Pienso que es interesante. Y estoy fuerte en historia.
Papá:	Y además es útil.
Luis:	Prefiero la geografía. El profesor es simpático y la clase es divertida. Y es bastante fácil también.
Alonso:	Es difícil si el profesor no explica bien. Mi profesor de geografía no explica bien. Y da mucho trabajo. Estoy flojo en geografía.
Luis:	Yo te ayudo.
Alonso:	¡Qué va! ¿Tú?

gritar	*to shout*	aburrido/a	*boring*
estar fuerte en	*to be good at*	útil	*useful*
estar flojo/a en	*to be weak in*	fácil	*easy*
explicar	*to explain*	difícil	*difficult*
dar	*to give*	el trabajo	*work*
ayudar	*to help*	¡te ayudo!	*I'll help you!*

Gramática

When we talk about the reasons why we like or dislike something, we often use adjectives. Do you remember what is important about adjectives? The endings sometimes change to make them agree with the thing they are describing. For example:
la historia es aburrida,
el español es divertido,
las matemáticas son fáciles.

Gramática

El profesor grita. No explica bien. Hablan mucho en clase.

All of the above show examples of verbs which belong to one particular group, the group of verbs whose infinitive or 'title' ends in *-ar: gritar, explicar, hablar*. These verbs, and others in the group, all follow the same pattern when used or conjugated.

The *-ar* is taken off the end of the infinitive, and the following endings added, depending on the subject of the verb:

yo hablo	I speak
tú hablas	you speak
él/ella/usted habla	he/she speaks, you (polite singular) speak
nosotros/nosotras hablamos	we speak
ellos/ellas/ustedes hablan	they/you (plural) speak

Actividad 9

Escucha a los ocho alumnos que hablan de las asignaturas que prefieren o no, y por qué. Empareja cada asignatura con su razón.

Listen to the eight pupils who are talking about the school subjects they do and don't like, and why. Pair up each subject with its reason.

1 la historia

2 las ciencias

3 el teatro

4 las matemáticas

5 el español

6 la geografía

7 la religión

8 el dibujo técnico

a el profesor es antipático

b es muy fácil

c es muy interesante

d es útil

e es aburrida

f la profesora es simpática

g es divertido

h son difíciles

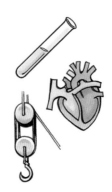

Actividad 10

Toma turnos con tu pareja. Pregunta y contesta qué asignaturas prefieres y por qué.

Take turns with your classmate. Ask and answer which school subjects you prefer and why.

> ¿Qué asignatura prefieres? ¿La historia o la geografía? ¿Por qué?

a ¿Qué hay? $x = \dfrac{4y - y^2}{6}$

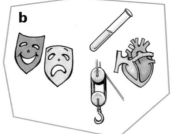

b

c

d

e Hello Bonjour

f ¿Qué hay?

Track: 24

VOCABULARIO

tener que (+ infinitive)	to have to (do something)
pedir (una) cita	to make an appointment
pedir	to ask for
los deberes	homework

Mamá: Tengo que pedir cita al dentista. ¿Qué día prefieres ir?

Miriam: El jueves. No me gusta el jueves.

Mamá: ¿A qué hora?

Miriam: A las diez menos cuarto, porque hay portugués, y luego química, y no quiero ir a estas clases.

Mamá: Bueno, pero voy a hablar con el profesor. Voy a pedir el trabajo de la clase y los deberes.

Miriam: Pero Mamá…

	lunes	**martes**	**miércoles**	**jueves**	**viernes**
9.10–9.50	inglés	matemáticas	informática	portugués	educación física
9.50–10.30	inglés	matemáticas	matemáticas	química	matemáticas
10.30–11.10	español	química	inglés	español	inglés
E L R E C R E O					
11.30–12.10	dibujo técnico	español	cocina	geografía	historia
12.10–12.50	dibujo técnico	religión	cocina	informática	español
E L A L M U E R Z O					
2.00–2.40	física	historia	educación física	teatro	física
2.40–3.20	educación física	geografía	teatro	religión	portugués
3.20–4.00	música	biología	biología	inglés	educación física

Do you remember how we express the time?
We tell the time by saying *Es/Son la(s)…*

If we want to say **at** what time we do something, we say *A la(s)…*
For example: *Hay clase de español **a** las diez y media el lunes.*
To ask the question 'At what time…?' we say *¿A qué hora…?*

Nota Cultural

There are different ways of expressing the time across the Hispanic world. You should be prepared to hear, and be ready to understand, some variations.

For example, 9.45 can be expressed in the following ways: *las diez menos cuarto; las nueve y cuarenta y cinco; son un cuarto para las diez; son quince para las diez.*

Lee las siguientes frases e indica si son verdaderas o falsas, con referencia al horario de la página 43.
Read the following statements and indicate if they are true or false, with reference to the timetable on page 43.

1 El martes hay clase de informática a las nueve y media.

2 Hay clase de educación física el lunes a las tres y media.

3 El jueves a las once hay clase de inglés.

4 Hay clase de geografía el viernes a las doce.

5 Hay clase de informática el miércoles a las nueve y media.

6 El martes a las dos hay matemáticas.

Corrige las frases falsas de la Actividad 11.
Correct the false sentences from Activity 11.

Inventa algunas frases sobre tu horario escolar, algunas verdaderas y algunas falsas. Tu pareja tiene que decir si son verdaderas o falsas. Si son falsas, ¿tu pareja puede corregirlas?
Make up some sentences about your school timetable, some true and some false. Your classmate has to say if they are true or false. If they are false, can your classmate correct them?

Preguntas

1 ¿Cuántas asignaturas tienes al día?
2 ¿Cuántas hay por la tarde?
3 ¿Cuál es tu asignatura preferida? ¿Por qué?
4 ¿Cuál es tu día favorito? ¿Por qué?
5 ¿Quién es tu profesor favorito? ¿Por qué?
6 ¿Qué día tienes educación familiar?

Responde a estas situaciones en español.

1 You have had a bad day at school. Your mother asks why. What do you say?

2 You are chatting with a teacher about your progress. She asks which subject you prefer and why. What do you say?

3 You visit your grandparents after school. They ask which is your favourite day for lessons. You reply and state which subjects you have that day. What do you say?

Lee el siguiente texto y contesta las preguntas.
Read the following text and answer the questions.

Me gustan mucho las clases de informática porque es una materia muy útil. El profesor es muy bueno, explica bien y es muy interesante. No es fácil, pero es divertido.

1 Which lesson does the writer like a lot?

2 Why?

3 Why is the teacher so good?

4 What is one negative factor?

5 What compensates for this?

¡Diviértete fuera de casa!

In this unit you will:

- learn how to talk about your hobbies and interests, and those of others
- find out how to express what you don't do, and add other negative information

El programa de actividades

Track: 25

Programa de actividades extracurriculares para el nuevo año		
Día	**A la hora de comer**	**Después del colegio**
lunes	Club de informática Club de béisbol Coro	Clases de judo Club de criquet Servicio comunitario
martes	Club de fútbol para chicos Club de fútbol para chicas	Clases de cocina Clases de gimnasia
miércoles	Club de tenis Club de idiomas Club de voleibol	Clases de baile latino Clases de teatro Partidos
jueves	Club de natación Club de atletismo	Clases de kárate Clases de música
viernes	Club de baloncesto Club de ajedrez	Club de nétbol Clases de fotografía

VOCABULARIO

fuera de casa	*away from home*
el coro	*choir*
el idioma	*language*
el partido	*match*
la natación	*swimming*
el ajedrez	*chess*
cariño	*dear*
las tareas	*homework*

Alejandro vuelve a casa.

Alejandro:	Hola, Mamá.
Mamá:	Hola, cariño. ¿Qué tal el primer día?
Alejandro:	Bien, bien. Mira, tengo el programa de actividades extracurriculares para este trimestre. ¿Qué puedo hacer?
Mamá:	Vamos a ver, cariño. ¡Huy! ¡Cuántas hay!
Alejandro:	Mira, el lunes. ¿Qué hago? Me gusta cantar. Bueno sí, voy al coro a la hora de comer, luego a las clases de judo después del colegio. El martes, juego al fútbol al mediodía, y cocino por la tarde. El miércoles, juego al voleibol y practico el baile latino. El jueves, practico atletismo y toco el violín en la orquesta. Y el viernes, juego al ajedrez y voy a clases de fotografía. Perfecto.
Mamá:	Sí...¿y las tareas, qué?
Alejandro:	Hmmm...Es un problema, Mamá.

EXPRESIONES ÚTILES

el trimestre	the (school) term	a la hora de desayunar/ comer/cenar	at breakfast/lunch/ dinner time
(yo) puedo	I can	por la tarde	in the afternoon/ evening
(yo) juego	I play	después del colegio	after school
la orquesta	orchestra	al mediodía	at midday
el viernes	on Friday	a medianoche	at midnight
¡cuàntas hay!	there are so many!		

Escucha las conversaciones. Luego completa cada afirmación con la frase más apropiada.
Listen to the conversations. Then complete each statement with the most appropriate phrase.

1 Al mediodía Isabel

   a toca el piano.
   b juega al béisbol.
   c practica atletismo.

2 Después del colegio Maite

   a cocina.
   b juega al fútbol.
   c practica atletismo.

3 Federico juega al

   a baloncesto.
   b fútbol.
   c tenis.

4 A la hora de comer Tomás

   a practica judo.
   b va al club de fotografía.
   c va al club de baloncesto.

Pregunta a tu pareja qué actividades practica entre semana y los fines de semana.
Ask your classmate what activities he/she does on weekdays and weekends.

¿Qué actividades haces los lunes?

¿Y qué haces los fines de semana?

Gramática

In the dialogue on page 48, and in other material you have studied in this unit so far, you will have seen a number of verbs used to describe what people do in their free time.

You will have seen that the endings of these verbs change according to the subject of the verb, thus 'I speak' is *hablo,* and 'Maite speaks' is *habla,* which is what we observed in the previous unit.

We now meet some more verbs whose endings follow the same pattern as those we met before: *cantar, cocinar, jugar, practicar, sacar* and *tocar* all belong to one group. They all end in *-ar* in the infinitive form, and take the following endings:

yo practico	I practise
tú practicas	you practise
él/ella/usted practica	he/she practises, you practise
nosotros/nosotras practicamos	we practise
ellos/ellas/ustedes practican	they/you practise

Track: 27

La madre de Alicia habla con su hija.

Mamá: Alicia, son casi seis meses desde tu última visita al dentista. ¿Qué día quieres ir? Vamos después de las clases.

Alicia: Ay, Mamá. Mira, es muy difícil. El lunes, juego al baloncesto en el equipo. Y luego, después de cenar, voy al club de atletismo.

Alicia: El martes, hay el club de informática que me gusta mucho, y luego pasan mi programa favorito en la televisión.

El miércoles, es la clase de baile flamenco, y no quiero perderla.

El jueves, practicamos la gimnasia y vamos a hacer una presentación a los otros estudiantes.

Y el viernes, es mi club preferido, el club de teatro. Es muy divertido.

Mamá: ¿Y el dentista?

Alicia: ¿No hay citas el fin de semana?

Mamá: ¡Ay, Alicia! Tú haces demasiadas cosas. No prestas suficiente atención a tus estudios.

VOCABULARIO

casi	*almost*	perder	*to miss*
desde	*since*	demasiado/a/os/as	*too much/many*
último/a	*last*	prestar atención a	*to pay attention to*
el equipo	*team*	suficiente	*enough*
pasar	*to put (on)*		

Escucha las ocho afirmaciones sobre lo que hace Alicia y decide si son verdaderas o falsas.

Listen to the eight statements about what Alicia does and decide if they are true or false.

Prepara una presentación donde hablas de las actividades que haces cada día.

Prepare a presentation in which you talk about the activities that you do each day.

¡Cuántos pasatiempos!

Las madres de dos alumnos hablan de los pasatiempos de sus hijos.

Isabel: Javier no tiene tiempo libre este trimestre. Cada día hace algo después del colegio.

Rebeca: Sí, y Marcos también.

Isabel: Normalmente regresa a las cinco, luego ve su programa favorito en la televisión. Cenamos a las seis y media. A veces ayuda a preparar la cena pero no muy a menudo. Y después, de vez en cuando, toca la guitarra durante media hora. Desde mayo aprende a tocar la guitarra. También escribe correos electrónicos a sus amigos que viven en otras ciudades. Y muchas veces sale con los amigos. ¡Y luego dice que no tiene tiempo para hacer los deberes!

Rebeca: Sí, y Marcos tampoco.

el pasatiempo	*pastime, hobby*	regresar	*to return*
el correo electrónico	*email*	ver	*to see*
libre	*free*	ayudar (a)	*to help (to)*
cada	*each*	escribir	*to write*
luego	*then*	aprender (a + infinitive)	*to learn (to do something)*
durante	*for, during*	de vez en cuando	*from time to time*
no tener tiempo para hacer	*to not have time to do*	también	*also*

Gramática

We have already met one group of verbs: *-ar* verbs. In Rebeca and Isabel's conversation we have an example of a verb from another group, the verb *aprender,* which belongs to the group of verbs whose infinitives end in *-er.*

The endings follow this pattern:

yo aprendo	I learn
tú aprendes	you learn
él/ella/usted aprende	he/she learns, you learn
nosotros/nosotras aprendemos	we learn
ellos/ellas/ustedes aprenden	they/you learn

The conversation on page 51 also has examples of verbs from another group: *escribir, vivir* and *salir.* This group can be recognised by the ending *-ir* on the infinitive.

The endings follow this pattern:

yo escribo	I write
tú escribes	you write
él/ella/usted escribe	he/she writes, you write
nosotros/nosotras escribimos	we write
ellos/ellas/ustedes escriben	they/you write

Note that the verb *salir* has an irregular first person singular: *yo salgo.* Some other verbs are also irregular in the first person singular only.
For example: *hacer* (to do, make) → *hago las tareas,* I do the homework.
poner (to put [on]) → *pongo la televisión,* I put the television on.
decir (to say, tell) → *digo la verdad,* I tell the truth.

Haz una encuesta sobre los pasatiempos favoritos de tus compañeros. Analiza las respuestas y presenta los resultados a la clase.
Do a survey about favourite pastimes of your classmates. Analyse the answers and present the results to the class.

- ¿Cuántas personas practican deportes?
  - ¿Qué deportes son?
- ¿Mucha gente toca un instrumento musical?
  - ¿Cuántos?
  - ¿Y qué instrumentos?
- ¿Qué otros pasatiempos hay entre los miembros de tu clase?

Escribe cinco actividades que haces. ¿Cuánto tiempo dedicas a cada actividad? Dibuja un gráfico para mostrar cuáles son los pasatiempos más importantes. Compara los resultados con los resultados de tu pareja.
Write five activities you do. How much time do you dedicate to each activity? Draw a graph to show what are your most important pastimes. Compare the results with those of your classmate.

Por ejemplo:

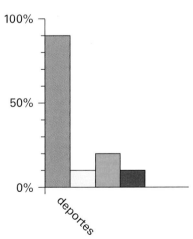

Nota Cultural

Spain is a great nation in which to be a teenager. The culture and lifestyle revolves around being outside, so there is more opportunity for spontaneous socialising. *El paseo* is the term for the custom of the whole family going out and walking along the promenade, which exists in most towns, greeting other families, maybe stopping to have a coffee at a pavement café. There is also a certain degree of freedom for the teenage age group, as all the family are out and about, so it is relatively safe to have some independence.

Actividad 7

Lee el siguiente poema y contesta las preguntas.
Read the following poem and answer the questions.

En tus aulas aprendí
a leer, a escribir
a dibujar y a jugar
divirtiéndome cada
día sin cesar.

Tus cálidos docentes*
siempre a mi lado
están presentes
cuidando mi educación
con fiel dedicación.

Nos recibes en tus ambientes
cada mañana, como el sol saliente.
Estás listo a abrir tus puertas
para recibirnos en ellas.

Eres mi colegio querido
con el cual Dios me ha bendecido.
Orgulloso llevo en mi alma
tus enseñanzas sabias.

Hoy es tu cumpleaños.
He querido recordarlo
como un día especial
que junto a tí hoy
quiero celebrar.

Centro Escolar - Nuestra Señora de Lourdes, El Salvador

*el docente = teacher

1 What four things did the author of the poem remember doing at school?

2 Who was always present?

3 To what does the author compare his teachers, as they greeted him each morning?

4 Why is today a special day for the school?

Rafael está en casa después de su primera semana en el colegio. Su papá regresa del trabajo y le pregunta cosas sobre el nuevo trimestre escolar.

Papá: Rafa... ¡Rafa! ¿Dónde estás?

Rafa: Estoy aquí, Papá.

Papá: Hola. ¿Qué tal?

Rafa: Muy bien, Papá.

Papá: ¿Te gusta el colegio este año?

Rafa: Sí, mucho.

Papá: ¿Tienes nuevos maestros?

Rafa: Bueno, algunos son nuevos.

Papá: ¿Y cómo son?

Rafa: La mayoría de ellos son muy simpáticos, pero hay algunos... por ejemplo, el nuevo maestro de deportes es muy estricto.

Papá: ¿Quién es tu profesor favorito?

Rafa: Me gusta mucho el profesor de español. Es muy divertido.

Papá: ¿Cuántas clases de español tienes a la semana?

Rafa: Vamos a ver... tenemos tres, no, cuatro.

Papá: ¿Y cuándo tienes tus clases de educación física?

Rafa: El lunes y el miércoles.

Papá: ¿A qué hora?

Rafa: Las clases son por la tarde, a las dos.

Papá: ¿Cuál prefieres, el fútbol o la natación?

Rafa: El fútbol, por supuesto. Es mi deporte preferido.

Papá: ¿Por qué?

Rafa: Me gusta jugar en equipo. No me gustan mucho los deportes que practicas individualmente.

Papá: ¿Qué tema estudias en la clase de historia este año?

Rafa: La época de los aztecas en México. Es muy interesante.

algunos	*some*
la mayoría de ellos	*the majority of them*
estricto/a	*strict*
a la semana	*per week*
por supuesto	*of course*
el tema	*topic*
la época	*period, time*

Gramática

In the dialogue on page 55 there are many examples of different question words. Did you notice the thing they all have in common?

¿dónde?	where?
¿qué?	what?
¿cómo?	how?
¿quién?	who?
¿cuánto/a/os/as?	how many?
¿cuándo?	when?
¿a qué hora?	at what time?
¿cuál?	which?
¿por qué?	why?

They all have an accent.
Note also the punctuation for a question: ¿ at the beginning and ? at the end of the question.

Prepara una serie de preguntas sobre el colegio usando las palabras de la lista de arriba. Luego toma turnos con tu pareja para hacer y contestar las preguntas.
Prepare a series of questions about school using the words from the list above. Then take turns with your classmate to ask and answer the questions.

Escoge la palabra más apropiada del cuadro para completar cada pregunta.
Choose the most appropriate word from the box to complete each question.

¿cómo?   ¿cuándo?   ¿cuál?   ¿quién?   ¿cuántas?

¿qué?   ¿por qué?   ¿dónde?

1 ¿…está mi mochila?

2 ¿…no te gustan los deportes?

3 ¿…personas aprenden español?

4 ¿…quieres tomar?

5 ¿…de los libros prefieres?

6 ¿…vas a hacer los deberes?

7 ¿…quiere ir al cine mañana por la tarde?

8 ¿…es tu hermana? ¿Es alta o baja?

No estoy bien

Track: 31

Leila: Marta, ¿qué te pasa? ¿Por qué lloras?
Marta: Porque estoy triste.
Leila: Pero, ¿por qué?
Marta: No tengo ningún amigo. Nadie habla conmigo durante el recreo.
          No tengo nada que hacer. Y por la tarde, después del colegio
          no salgo nunca. Y no me ayudan ni mis padres ni mi hermana.
Leila: Pobrecita. Vamos. Yo te ayudo. ¿Qué quieres hacer? ¿Por qué no vamos
          al cine esta tarde?
Marta: ¿Sí? Me gustaría mucho.

¿qué te pasa?	what's the matter?	conmigo	with me, to me
llorar	to cry	nada	nothing
triste	sad	nunca	never
ninguno/a/os/as*	not any	no me ayudan	they do not help me
no tengo ningún amigo	I don't have any friends**	ni... ni...	neither ... nor
nadie	nobody		

*/** see grammar section below

Gramática

We have already met the negative construction *no* + verb, for example:
no tengo amigos, no hablan conmigo.

In the conversation on page 57 there are several other negative expressions in which, as well as *no* before the verb, there is another negative word after the verb which gives additional information. You may hear this called a **double negative**.

No tengo **ningún*** *amigo**	I have no friends
No tengo **nada** *que hacer*	I have nothing to do
No salgo **nunca**	I never go out
No me ayudan **ni** *mis padres* **ni** *mi hermana*	Neither my parents nor my sister help me

In some cases the negative word goes before the verb and **no** before the verb is not needed: *Nadie habla conmigo.* Nobody speaks to me. It means the same as *No me habla nadie*, but gives emphasis to the expression.

*As an adjective, *ninguno* (and also *alguno,* which means 'some') must agree with the noun to which it refers. When used before a masculine singular noun, *ninguno* shortens to *ningún,* as in *No tengo ningún libro de historia.* And *alguno* shortens to *algún,* as in *Algún día voy a ser rico.*

**Note also that in English we say 'Marta doesn't have any friends', but in Spanish we do not use the plural. We say *Marta no tiene ningún amigo.*

Finally, remember *tampoco,* which means 'neither'.
Él no quiere bailar, ni yo tampoco. He doesn't want to dance, and neither do I.

Toma turnos con tu pareja. Explica cuáles son los problemas de Marta.
Take turns with your partner. Explain what Marta's problems are.

Por ejemplo: Marta no tiene ningún amigo.

Escucha y empareja cada conversación con el dibujo apropiado.
Listen and pair up each conversation with the correct picture.

Track: 32

a

b

c

d

e

Escribe frases negativas para describir los siguientes dibujos.

Write negative sentences to describe the following pictures.

Por ejemplo: No hay nada en la nevera.

Situaciones

Responde a estas situaciones en español.

1 You leave a note for your schoolfriend, asking when the basketball match is. What does your note say?

2 You email your pen pal. Tell him/her about two hobbies that you enjoy.

3 You can't find your geography homework. Leave a note for your brother asking where it is.

4 Cooking classes and Latin dancing are on at 4 o'clock. Leave a note for your friend asking which he/she prefers.

5 You have just started at a new school. You send an email to a friend in which you say who is your favourite teacher and why.

**Tracks:
33-35**

A

1 ¿Dónde están las personas? Escucha (1–6) y escribe la letra del lugar que corresponde.
Where are the people? Listen (1–6) and write the letter of the place that matches.

a en el colegio   **b** en la calle   **c** en casa

2 Escucha y empareja lo que dice cada persona con el dibujo apropiado.
Listen and pair up what each person says with the correct picture.

3 Mira el horario y escucha las conversaciones. ¿De qué día hablan en cada conversación?
Look at the timetable and listen to the conversations. Which day are they talking about in each conversation?

lunes	martes	miércoles	jueves	viernes
biología	geografía	religión	inglés	química
química	inglés	historia	teatro	informática
E L R E C R E O				
matemáticas	educación física	español	biología	historia
E L A L M U E R Z O				
dibujo técnico	español	geografía	informática	educación física
música	física	matemáticas	física	educación física

B

1 Describe cómo viajan estas personas.
Describe how these people travel.

1 ¿Los chicos?   **2** ¿Mi madre?   **3** ¿El director?

4 ¿Yo?   **5** ¿Mis amigos?

2 Presenta a tu amigo/a a otro/a amigo/a.
Introduce your friend to another friend.

C

1 Lee la conversación. Luego contesta las preguntas.
Read the conversation. Then answer the questions.

– Hola Patricia, ¿cómo estás?
– Muy bien, gracias. ¿Y tú?
– Yo, bien también. ¿Conoces a Francisco?
– No. Encantada, Francisco. ¿De dónde eres?
– Soy de Mérida.
– Ah sí. ¿De qué barrio?
– Del centro.
– ¿Te gusta?
– Sí, me gusta mucho. Es una ciudad muy bonita.
– ¿A qué colegio vas?
– Al Instituto Pablo Martín.
– Ah, ¿sí? Mi tía es maestra en ese colegio.
– ¿Cómo se llama?
– Dolores García.
– ¿Qué? Es mi profesora de ciencias. Es muy simpática.
– ¡Qué bien! ¿Te gustan las ciencias entonces?
– Bueno, mi asignatura favorita es el dibujo técnico, pero me gustan
  bastante las ciencias, sobre todo la química. También me interesan las
  matemáticas.
– ¡Huy, a mí no! Detesto las matemáticas. Son aburridas.

1 What is the boy's name?
2 What is Mérida like?
3 Give Francisco's opinion about science.
4 Which subject does Patricia not like and why?

2 En tu colegio hay una conexión con un colegio de África. Los alumnos africanos escriben una carta que describe su colegio. Lee la carta y luego escoge la respuesta correcta para las preguntas 1–9.

In your school there is a link with a school in Africa. The African pupils write a letter which describes their school. Read the letter and then choose the correct answer to questions 1–9.

¡Hola! Del Colegio Ramapunde en África.

Hoy es sábado y hay colegio por la mañana.

Nuestro colegio es grande, con 1.700 alumnos de 3 a 14 años. Y es mixto. Hay muchos profesores también, unos 100.

No es muy moderno. Las aulas son muy básicas. Hay una pizarra, unos pupitres y unas sillas, pero nada más. No hay muchas instalaciones, como, por ejemplo, laboratorios, o una biblioteca. No tenemos muchos libros.

Durante el recreo jugamos al fútbol en el campo.

Nos gustaría saber algo de tu colegio.

Saludos

Del Colegio Ramapunde

1 ¿Cómo se llama el instituto?
  a El instituto se llama Colegio África.
  b El instituto se llama Colegio Ramapunde.
  c El instituto se llama Colegio Grande.
  d El instituto se llama Colegio Sábado.

2 ¿Cómo es la escuela?
  a No es pequeña.
  b Es moderna.
  c Es pequeña.
  d Es ideal.

3 ¿Cuántos estudiantes hay?

   a Hay unos 100 estudiantes.

   b Hay unos 3 estudiantes.

   c Hay unos 14 estudiantes.

   d Hay unos 1.700 estudiantes.

4 ¿Cuántos años tienen los alumnos?

   a Los alumnos tienen entre 3 y 11 años.

   b Los alumnos tienen entre 11 y 14 años.

   c Los alumnos tienen entre 3 y 14 años.

   d Los alumnos tienen entre 11 y 16 años.

5 ¿Cuántos maestros hay?

   a Hay unos 3 maestros.

   b Hay unos 14 maestros.

   c Hay unos 100 maestros.

   d Hay unos 1.700 maestros.

6 ¿Qué tipo de colegio es?

   a Es un colegio mixto.

   b Es un colegio sólo de chicas.

   c Es un colegio sólo de chicos.

   d Es un colegio primario.

7 ¿Cómo son las aulas?

   a Las aulas son modernas.

   b Las aulas son pequeñas.

   c Las aulas son básicas.

   d Las aulas son grandes.

8 ¿Qué hay en las aulas?

   a En las aulas hay una pizarra, unos pupitres y unas sillas.

   b En las aulas hay unas computadoras.

   c En las aulas hay unos libros.

   d En las aulas hay una televisión.

9 ¿Qué instalaciones tiene el colegio?

   a Tiene una biblioteca.

   b Tiene unos laboratorios.

   c Tiene unas instalaciones de deporte.

   d No tiene muchas instalaciones.

3 Escoge la palabra negativa más apropiada para completar estas frases.
Choose the most appropriate negative word to complete these sentences.

1 Enrique no tiene **nada/ningún/nadie** amigo.
2 No voy **nunca/nadie/ninguno** al cine.
3 No hay **nunca/ni/nada** en la nevera.
4 No tengo **nadie/nunca/nada** que hacer.
5 No es **ninguno/ni/nadie** pequeño, **ninguno/ni/nadie** grande.

1 Ahora contesta las mismas preguntas de la Actividad 2 de la Sección C, pero con referencia a tu colegio.
Now answer the same questions from Activity 2, Section C, but with reference to your own school.

1 ¿Cómo se llama tu instituto?
2 ¿Cómo es la escuela?
3 ¿Cuántos estudiantes hay?
4 ¿Cuántos años tienen los alumnos?
5 ¿Cuántos maestros hay?
6 ¿Qué tipo de colegio es?
7 ¿Cómo son las aulas?
8 ¿Qué hay en las aulas?
9 ¿Qué instalaciones tiene el colegio?

2 Este es un extracto de la agenda de Martín. Escribe una descripción de lo que hace cada día.
This is an extract from Martín's diary. Write a description of what he does each day.

Por ejemplo: El lunes Martín baila en la clase de salsa.

lunes	clase de salsa
martes	club de fútbol
miércoles	partido de fútbol
jueves	clase de informática
viernes	coro
sábado	cine con amigos
domingo	visita a los abuelos

El ritmo de la vida

In this unit you will:

- talk about how often you do things
- describe your daily routine and that of others
- say at what time you do various activities

¡Qué vida!

Track: 36

Rosaura no está contenta. Escribe sobre su rutina normal a su amiga Magdalena.

Querida Magdalena:

Te escribo esta carta porque necesito hablar. ¡Ay, qué aburrida es la vida!

Entre semana hay clases cada día. Llego a las ocho de la mañana, salgo a las tres de la tarde, llego a casa a eso de las cuatro. Los viernes a veces salgo con los amigos pero, de verdad, pocas veces.

Y no salgo nunca de lunes a jueves. Todas las noches veo la televisión. De vez en cuando pasan algo interesante, pero no muy a menudo.

Los fines de semana normalmente es mejor. Los sábados juego al fútbol con mis amigos. Una vez o quizás dos veces al mes voy al cine. Leo el periódico para ver qué pasan. Pero no hay nada nuevo en mi vida. Necesito un cambio.

Un abrazo de tu amiga
Rosaura

VOCABULARIO

la vida	*life*	al mes	*per month*
la carta	*letter*	el periódico	*newspaper*
de verdad	*in truth*	el cambio	*change*
quizás	*perhaps*		

EXPRESIONES ÚTILES

All the following expressions are very useful when we want to say when or how often things are done.

entre semana	*on weekdays*	a veces	*sometimes*
cada día	*each day, every day*	pocas veces	*rarely*
el fin de semana	*the weekend*	todas las noches	*every night*
por/de la mañana	*in the morning*	a menudo	*often*
por/de la tarde	*in the afternoon*	normalmente	*normally*
por/de la noche	*in the evening, at night*	los sábados	*on Saturdays*
a eso de	*at about*	una vez al mes	*once a month*
de vez en cuando	*from time to time*	dos veces al mes	*twice a month*

Actividad 1

Toma turnos con tu pareja. Pregunta y contesta sobre las siguientes actividades. Usa algunas de las expresiones útiles en tus respuestas.

Take turns with your classmate. Ask and answer about the following activities. Use some of the 'expresiones útiles' in your answers.

¿Comes chocolate a menudo?

¿Cuántas veces hablas por teléfono al día?

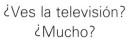
¿Lees mucho el periódico?

¿Escuchas la radio a menudo?

¿Ves la televisión? ¿Mucho?

¿Cocinas?

¿Escribes cartas?

¿Usas el celular muchas veces al día?

¿Ayudas en casa?

¿Bebes café?

Track: 37

Mira una semana típica en la agenda de Mariví. Luego escucha lo que dice cuando habla por teléfono con su amiga. Decide si es verdadero o falso lo que dice.

Look at a typical week in Mariví's diary. Then listen to what she says when she phones a friend. Decide if what she says is true or false.

	por la mañana	por la tarde	por la noche
lunes	colegio	clase de guitarra	deberes y televisión
martes	colegio	club de nétbol	deberes y televisión
miércoles	colegio	clase de teatro	deberes y televisión
jueves	colegio	club de nétbol	deberes y televisión
viernes	colegio	club de informática	televisión
sábado	ir de compras	ver el partido en la televisión	cine
domingo	deberes	visitar a los abuelos	televisión

Copia la página de la agenda y escribe tus actividades típicas diarias. Luego escribe una descripción de lo que haces normalmente cada semana.

Copy the page from the diary and write in your own typical daily activities. Then write a description of what you usually do each week.

Track: 38

¡Qué bien! Mañana es sábado. Mi día favorito. **Me levanto** tarde.
Normalmente **me levanto** a las siete, pero los sábados **me levanto**
tarde, sobre las diez o las once.

Me arreglo después de desayunar. Los fines de semana **me pongo** los jeans
y mi camiseta preferida. De lunes a viernes **me pongo** el uniforme escolar.
¡Qué horrible es!

El sábado por la mañana **me quedo** en casa y juego con la computadora
o veo la televisión. No **me aburro** nunca. Mientras que entre semana **me
aburro** todos los días.

Por la tarde **me quito** los jeans y **me arreglo** para salir con los amigos.
Me lavo el pelo, **me peino**, **me maquillo** y **me pongo** la ropa especial.
Entre semana **me quedo** en casa y hago los deberes. ¡Qué pesado!

El sábado voy a la cama muy tarde, pero no importa porque mañana es
domingo, ¡y **me levanto** muy tarde otra vez! Pero el domingo es otra cosa.
Voy a la cama muy temprano porque mañana es… ¡ay!… lunes otra vez.

Gramática

If you study all the highlighted verbs in the text on page 69, you will see that they have one thing in common. Each of the verbs is made up of two parts. In these examples *me* is followed by the verb, in each case the first person singular of the verb.

All these verbs are known as **reflexive verbs** and the *me* is called a **reflexive pronoun**.

You have already met one very commonly-used reflexive verb: *llamarse*. *¿Cómo **te llamas**? **Me llamo** Felipe. Él **se llama** José.*

Many reflexive verbs are used when we describe our daily routine.
I get (myself) up – *me levanto*
I wash (myself) – *me lavo*
I put on (my clothes) – *me pongo (la ropa).*

VOCABULARIO

levantarse	*to get up*	desayunar	*to have breakfast*
arreglarse	*to get ready*	ir a la cama	*to go to bed*
ponerse	*to put on*	sobre las diez	*at about ten*
quedarse	*to stay*	temprano	*early*
aburrirse	*to get bored*	otra vez	*again*
quitarse	*to take off*	la ropa	*clothes*
lavarse el pelo	*to wash your hair*	la camiseta	*T-shirt*
peinarse	*to comb your hair*	¡qué pesado!	*what a nuisance!*
maquillarse	*to put on make-up*	no importa	*it doesn't matter*

Actividad 4

Track: 39

Escucha a Paula que habla de su rutina diaria. Ordena los dibujos correctamente según lo que dice.
Listen to Paula talking about her daily routine. Put the pictures into the correct order according to what she says.

Por ejemplo: e Me levanto muy temprano, a las seis.

Trabaja con tu pareja. Estudia los dibujos de la Actividad 4 y escribe una frase para describir lo que haces tú en cada dibujo.
Work with your classmate. Study the pictures in Activity 4 and write a sentence to describe what you are doing in each picture.

Por ejemplo: a Voy al colegio…

Manolo visita a sus abuelos

Manolo pasa la noche con sus abuelos. Antes de ir a la cama, habla con su abuela.

Track: 40

Abuela:	Manolo, querido, ¿a qué hora te levantas generalmente?
Manolo:	Me levanto tarde, abuelita. Papá y mamá se levantan temprano, pero yo no. Y voy a la cama tarde también.
Abuela:	Bueno. Nosotros vamos a la cama ahora. Tu abuelo se levanta muy temprano. ¡Buenas noches! Hasta mañana entonces.

Gramática

In the dialogue between Manolo and his grandmother we met some other forms of the reflexive verb *levantarse*: *te levantas, se levantan, se levanta*.

Can you see what changes have occurred?
The pronoun changes according to the subject of the verb, and the verb ending also changes as we would expect.

me *levanto*	I get (myself) up
te *levantas*	you get (yourself) up
se *levanta*	he/she/you get(s) (himself/herself/yourself) up
nos *levantamos*	we get (ourselves) up
se *levantan*	they/you get (themselves/yourselves) up

Actividad 6

Lee la entrevista con Radamel Falcao García Zarate. Luego contesta las preguntas.
Read the interview with Radamel Falcao García Zarate. Then answer the questions.

En estas páginas entrevistamos al famoso futbolista colombiano Radamel Falcao García Zarate que habla de su rutina diaria.

Hola, me llamo Radamel Falcao. Cada día me levanto bastante temprano. Vivo en Buenos Aires, que es la capital de Argentina. Es una ciudad muy grande y muy animada. Prefiero estar en Buenos Aires que en otras ciudades del mundo.

Entreno cinco horas al día. Primero me preparo. Hago ejercicios de calentamiento y luego entreno con el equipo.

Después me relajo un poco. Nado en la piscina primero, y luego juego en la computadora.

Me llevo bien con el equipo. Lo pasamos muy bien y no me aburro nunca. Lo importante es comer bien, ir a la cama temprano y entrenar.

1 ¿Radamel se levanta tarde?

2 ¿Cuántas horas entrena al día?

3 ¿Qué hace después?

4 ¿Dónde nada?

5 ¿Se aburre con el fútbol?

6 ¿Qué es lo importante para Radamel?

VOCABULARIO

entrenar	*to train*	llevarse bien con alguien	*to get on well with someone*
prepararse	*to get ready*	pasarlo bien	*to have a good time*
relajarse	*to relax*	lo importante	*the important thing*
los ejercicios de calentamiento	*warm-up exercises*		

Track: 41

Jaime recibe un correo electrónico de su amigo Alonso.

| Enviar | Dirección | Ortografía | Adjuntar | Seguridad | Guardar |

¡Hola Jaime!

¿Qué tal? Yo estoy bien ahora pero esta mañana no. Normalmente me despierto a las siete y cuarto y me levanto en seguida.
Me acuesto cada noche a las diez y cuarto y duermo nueve horas. Es como un hábito, y no necesito despertador ni nada. Pero esta mañana me despierto y ¡veo que son las ocho y media! Imagina cómo me siento. No tengo tiempo de hacer nada, ni de lavarme, ni de peinarme, ni de desayunar. Me visto y nada más.
Menos mal que vivimos cerca del colegio y estoy ahí en cinco minutos.
Ahora tengo tiempo de respirar. ¡Y mañana voy a poner el despertador!

Hasta pronto

Alonso

VOCABULARIO

despertarse (e→ie)	to wake up	respirar	to breathe
acostarse (o→ue)	to go to bed	en seguida	straight away
dormir (o→ue)	to sleep	un hábito	habit
sentirse (e→ie)	to feel	el despertador	alarm clock
vestirse (e→i)	to get dressed	menos mal	just as well

EXPRESIONES ÚTILES

ni nada	or anything
imagina cómo me siento	imagine how I feel
no tengo tiempo de hacer…	I don't have time to do…

Study the infinitives *acostarse* and *despertarse*. Compare them with the forms *me acuesto* and *me despierto*.

You will notice that there has been a change in the vowel in the final syllable of the stem of the first person of the present tense: *o→ue, e→ie*.

These belong to a group of verbs in Spanish called **stem-changing** or **radical-changing verbs**, which change in all parts of the present tense, except the first person plural. For example, the verb *acostarse*:

*me ac**ue**sto*	I go to bed
*te ac**ue**stas*	you go to bed
*se ac**ue**sta*	he/she goes, you go to bed
nos acostamos	we go to bed
*se ac**ue**stan*	they/you go to bed

We have met some of these verbs in earlier units and we can add some reflexive verbs to the groups they form.

e→ie	e→i	o→ue	u→ue
preferir	*vestirse*	*dormir*	*jugar*
querer		*acostarse*	
despertarse		*poder*	
sentirse			

Do you also notice something about the position of the pronouns in *lavarme* and *peinarme*? They go on the end of the infinitive form of the verb.

And what else is different? The pronoun on the infinitive changes according to the subject it refers back to. For example:

Quiero acostarme temprano esta noche.	I want to go to bed early tonight.
Voy a bañarme, vamos a bañarnos, van a bañarse.	I am going to bathe, we are going to bathe, they are going to bathe.

¿Qué dicen estas personas?
What do these people say?

Por ejemplo:

Me acuesto a las ocho y media.

Nos acostamos a las nueve.

1a

1b

2a

2b

3a

3b

Trabaja en grupos de tres personas. Una persona pregunta, otra contesta y la tercera informa sobre lo que contesta. Luego cambia de roles.

Work in groups of three. One asks a question, another answers, and the third reports on what he/she answers. Then swap roles.

Por ejemplo:

A: ¿A qué hora te levantas?

B: Me levanto a las ocho.

C: Se levanta a las ocho.

Preguntas posibles:

1 ¿A qué hora te despiertas el sábado?

2 ¿A qué hora te acuestas entre semana?

3 ¿Te aburres en el colegio?

4 ¿Dónde te relajas?

Lee la descripción de la rutina diaria de estos dos jóvenes y apunta las diferencias. ¿Cuántas diferencias hay?

Read the description of the daily routine of these two young people and note down the differences. How many differences are there?

Por ejemplo: Clarita se levanta bastante tarde, pero Miguel se levanta muy temprano.

Hola. Me llamo Clarita y vivo en el centro de la Ciudad de México. Voy a un colegio cerca de mi casa, así que me levanto bastante tarde, a las ocho. Me pongo el uniforme para ir al colegio. Es un uniforme muy moderno.
El colegio también es moderno y los profesores son muy simpáticos.
Me llevo bien con ellos. No me aburro porque las clases son interesantes.
Salgo del colegio a las tres y voy a casa. Me relajo un poco y hago los deberes.
A veces salgo por la tarde, pero si no, veo la televisión, me baño* y me acuesto a eso de las diez y media.

*me baño = I have a bath

Mi nombre es Miguel y vivo en el campo, en un pueblo pequeño de la provincia de Oaxaca en México. Me despierto a las cinco y media. Tengo que levantarme temprano porque tengo muchas cosas que hacer antes de salir para el colegio. Primero me ducho* y me pongo mi ropa vieja para trabajar. Luego me pongo el uniforme escolar, que es muy tradicional. Los profesores en el colegio también son tradicionales. Son bastante estrictos y me aburro en el colegio. Por la tarde regreso a casa donde hago los deberes y me preparo para acostarme temprano a las ocho y media.

*me ducho = I have a shower

Haz esta encuesta para descubrir si eres madrugador o trasnochador.
Do this quiz to see if you are an early bird or a night owl.

1 ¿Te gusta quedarte en la cama?
  a Sí.
  b No.

2 Cuando te despiertas, ¿cómo te sientes?
  a Normalmente mal.
  b Normalmente bien.

3 Vas de vacaciones. Hay dos vuelos que puedes tomar. ¿Cuál escoges?
  a Él que sale a las ocho de la mañana.
  b Él que sale a las cuatro de la tarde.

4 Tus amigos te invitan a una fiesta. ¿Te quedas hasta el final?
  a Sí, claro.
  b No, por supuesto.

5 Te relajas en casa. ¿Qué prefieres?
  a Prefiero acostarme para leer una buena novela.
  b Prefiero quedarme levantado/a para ver la televisión.

6 ¿Prefieres…
  a …la salida del sol?
  b …la puesta del sol?

Suma los resultados.

1 a 2	b 5		4 a 2	b 4
2 a 1	b 4		5 a 5	b 3
3 a 5	b 3		6 a 5	b 2

De 13 a 17
Te gusta levantarte tarde y acostarte tarde – eres trasnochador de verdad.
De 18 a 23
Vives una vida muy normal. No te levantas ni te acuestas demasiado tarde o temprano.
De 24 a 28
Te gusta levantarte muy temprano, y, claro, necesitas acostarte temprano también. Eres una persona madrugadora.

VOCABULARIO

ser madrugador(a)	*to be an early riser*
ser trasnochador(a)	*to go to bed late*
el vuelo	*flight*
claro	*of course*
la salida del sol	*sunrise*
la puesta del sol	*sunset*

¿A qué hora?

Track: 42

Luisa y Estela hablan en el instituto.

Luisa: ¿A qué hora sales de casa por la mañana?
Estela: Mira, el primer día del trimestre salgo a las siete y media.
Todo bien. Llego con bastante tiempo para tomar el autobús.
Pero el segundo día salgo a las ocho menos veinte y llego justo con tiempo para el autobús.
Así que el tercer día me levanto muy tarde y no salgo hasta las ocho menos cuarto y pierdo el autobús.
Entonces el cuarto día salgo a las ocho menos veinticinco y todo está bien.

VOCABULARIO

salir de casa	*to leave the house*
perder (e→ie) el autobús	*to miss the bus*
primer/o/a	*first*
segundo/a	*second*
tercer/o/a	*third*
cuarto/a	*fourth*

Gramática

Here is a full list of the ordinal numbers:

primer/o/a	*first*
segundo/a	*second*
tercer/o/a	*third*
cuarto/a	*fourth*
quinto/a	*fifth*
sexto/a	*sixth*
séptimo/a	*seventh*
octavo/a	*eighth*
noveno/a	*ninth*
décimo/a	*tenth*

Gramática

Do you notice something about *el primer día*? Rather like the adjectives we met previously (*bueno, malo, grande*) when *primero* and *tercero* come before a masculine singular noun, they shorten in form and become *primer* and *tercer* respectively. For example, *el primer autobús, el tercer programa*.

menos cinco   y cinco
menos diez   y diez
menos cuarto/ menos quince   y cuarto/y quince
menos veinte   y veinte
menos veinticinco   y veinticinco
y media

¿Qué hora es?
Es la una.

¿Qué hora es?
Son las dos.

¿A qué hora comes? Como a la una.

¿A qué hora te acuestas? Me acuesto a las diez.

Track: 43

Actividad · 11

Escucha los diálogos y luego contesta las preguntas.
Listen to the dialogues and then answer the questions.

1 a ¿Qué dos cosas hace Alejandro al llegar a casa?
b ¿En qué orden?

2 a ¿Quién es el segundo?
b ¿Quién es el cuarto?

3 a ¿Qué hace primero Laura?
b ¿Cuándo come?

Toma turnos con tu pareja para describir en qué orden y a qué hora haces varias cosas según los dibujos.
Take turns with your classmate to describe in what order and at what time you do various things according to the pictures.

Por ejemplo:
Primero me levanto a las seis y media, segundo me lavo, me visto, y desayuno a las siete y cuarto.

1

2

3

Nota Cultural

The *siesta* has long been part of the Spanish daily routine. Traditionally, work stops at 2, and there is a break for lunch and a rest (*la siesta*) until 5 or so in the afternoon, when work, and sometimes school, resumes, in the cooler temperatures of the early evening. Work would then finish at 7 or 8, there would be time for *el paseo* (see Nota Cultural, page 54) and families would go home for a late dinner at 10 p.m. However, the government is trying to bring Spain more into line with its European neighbours by changing the working day, and to do away with the *siesta*. They want to have a two hour break only, if that, for lunch, end the working day at 6, and to turn the clocks back, so Spain is on the same time as their neighbours Portugal, and the UK and Ireland. This would help to restrict the late night culture, when prime time television is scheduled from 10 p.m. to midnight!

Elena escribe a Marisol por correo electrónico. Imagina que eres Marisol y contesta las preguntas en un correo electrónico parecido.

Elena writes to Marisol by email. Imagine you are Marisol and answer the questions in a similar email.

Enviar   Dirección   Ortografía   Adjuntar   Seguridad   Guardar

Hola Marisol:

¿Qué tal? Hoy es el primer día del nuevo trimestre y tengo una nueva rutina. Me levanto a las seis y media. ¿A qué hora te levantas tú? Primero me visto y luego desayuno. Salgo a las siete y cuarto. ¿En qué orden te arreglas por la mañana?

El primer día es muy difícil, pero el segundo día es más fácil organizarte. Salgo del colegio a las tres y media. ¿Y tú? Primero, voy directamente a casa; segundo, me quito el uniforme; tercero, descanso un poco; y cuarto hago los deberes.

¿Qué haces tú por la tarde, y en qué orden?

Bueno, nada más por hoy.

Un abrazo

Elena

Preguntas

1 ¿A qué hora te levantas los fines de semana?
2 ¿A qué hora te acuestas entre semana?
3 ¿Se acuestan tarde tus padres?
4 ¿Miras mucho la televisión? ¿Qué programas te gusta ver?
5 ¿Cuándo haces los deberes?

Responde a estas situaciones en español.

1 A neighbour asks if you can walk his dog after school. You agree. He asks you what is your normal routine after school so you can fit in the dog walk. What do you reply?

2 Your teacher is concerned that you are not spending enough time on your homework. He asks how much television you watch every day after school. What do you answer?

3 You are invited for lunch at a friend's house. You need to know what time they have lunch. What do you ask?

 **Recibes un correo de una amiga. Lee el texto y contesta las preguntas.**
You receive an email from a friend. Read the text and answer the questions.

Enviar	Dirección	Ortografía	Adjuntar	Seguridad	Guardar

Hola Ana,

Me preguntas qué hago los fines de semana. Bueno, los sábados me relajo bastante. Me despierto tarde, a las diez o las once, y me levanto aún más tarde, al mediodía. Después de comer me preparo para salir. Me peino, me maquillo y me pongo mi ropa favorita. Me acuesto tarde los sábados porque los domingos me levanto tarde otra vez. El domingo no salgo, hago los deberes. ¿Cómo pasas el fin de semana tú?

Un abrazo
Elena

1 What does Elena do on Saturday mornings?

2 When does she get ready to go out?

3 Name three things that she does when getting ready.

4 Why is it okay that she goes to bed late on Saturdays?

5 What does she do on Sundays?

UNIDAD 6

Hogar, dulce hogar

In this unit you will:

- learn how to talk about the type of house you live in
- describe rooms and furniture in the house
- talk about where things are in the house

La nueva casa

Track: 44

Ramón: ¡Hola amigo! ¿Qué hay de nuevo?

Alejandro: Mucho. Vendemos nuestra casa y nos mudamos a la ciudad.

Ramón: ¡Hombre! ¿Cuándo?

Alejandro: El mes que viene. Este fin de semana vamos a la ciudad a ver algunas casas y apartamentos. Mira, aquí tengo algunos detalles.

La primera es una casa antigua con un jardín muy grande en las afueras. Es muy bonita pero el barrio está muy lejos del centro, ¿no?

El segundo es un apartamento en un bloque moderno. Es céntrico pero pequeño.

La tercera es esta casa de dos pisos en una nueva urbanización, pero no hay mucho que hacer allí.

Y la cuarta es esta casa de un piso que tiene tres dormitorios, un jardín, y está cerca del centro comercial Maratón.

centro comercial
maratón
a 250 metros

Ramón: ¿Cuál prefieres?
Alejandro: Quizás la última, la casa de un piso. Tiene muchas
            ventajas, y además, no es demasiado cara. Pero,
            de verdad, prefiero mi casa actual en el campo.

VOCABULARIO

¿qué hay de nuevo?	*what's new?*	el piso	*floor, storey*
vender	*to sell*	una urbanización	*housing scheme/ development*
mudarse	*to move house*		
alguno/a/os/as	*some*		
el detalle	*detail*	el/la último/a	*the last one*
las afueras	*suburbs*	la ventaja	*advantage*
el barrio	*district, neighbourhood*	además	*besides*
		caro/a	*expensive*
un apartamento	*apartment*	actual	*present, current*
céntrico/a	*central*		

Track: 45

Actividad 1

Escucha. ¿Dónde viven los jóvenes? ¿En una casa o en un apartamento? Escribe otro detalle en inglés de la información que dan.
Listen. Where do the young people live? In a house or a flat? Write one other detail in English from the information that they give.

Estudia el mapa del pueblo.
Study the plan of the village.

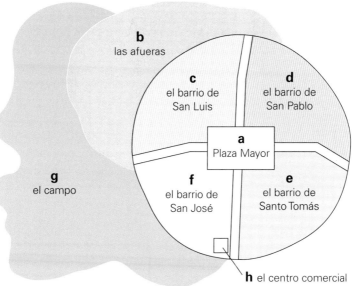

Lee las descripciones de dónde vive la gente. Empareja cada persona con la letra correcta en el mapa.
Read the descriptions of where the people live. Pair up each person with the correct letter on the plan.

1 Vivo en un apartamento muy céntrico en un bloque antiguo en la Plaza Mayor.

2 Vivo en una casa grande en el campo.

3 Vivo en el barrio de Santo Tomás.

4 Vivo en el barrio de San José, cerca del centro comercial.

5 Vivo en una urbanización en las afueras de la ciudad, lejos del centro.

Trabaja con tu pareja. Pregunta dónde vive, dónde prefiere vivir, y por qué.
Work with your classmate. Ask where he/she lives, would prefer to live, and why.

¿Dónde vives?

Track: 46

Alejandro:	Tenemos los planes de las casas nuevas. Hay tres estilos diferentes.
Ramón:	¿Cómo son?
Alejandro:	La casa A tiene tres dormitorios pero dos están en la planta baja. Tiene cuarto de baño arriba. El salón comedor es bastante grande y práctico porque hay acceso a la cocina. Tiene garaje.
Ramón:	¿Y la B?
Alejandro:	La B tiene tres dormitorios pero dos son muy pequeños. En la planta baja todo está abierto... la cocina, el salón y el comedor. Yo prefiero la cocina aparte.
Ramón:	Sí, yo también. ¿Y la C?
Alejandro:	En la C hay un dormitorio grande y otro con balcón. Y en la planta baja el salón, la cocina y el comedor están separados. Prefiero la C.

la planta baja · la primera planta

A

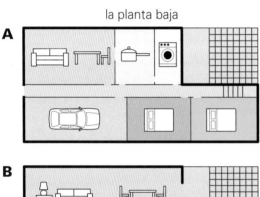
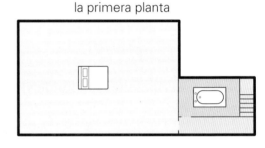

B

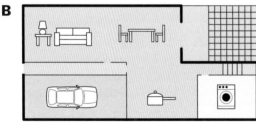
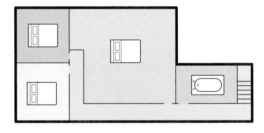

C

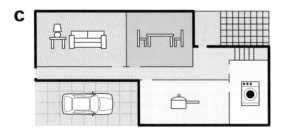
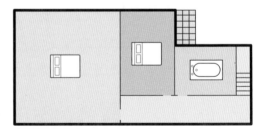

el estilo	*style*	el salón	*living room*
¿cómo son?	*what are they like?*	el comedor	*dining room*
el dormitorio	*bedroom*	la cocina	*kitchen*
la planta baja	*ground floor*	abierto/a	*open*
la primera planta	*first floor*	aparte	*separate*
el balcón	*balcony*	separado/a	*separate*
el cuarto de baño	*bathroom*	el garaje	*garage*
arriba	*upstairs*		

¿Cuál de las casas en la página 86 prefieres tú y por qué? Toma turnos con tu pareja para preguntar y contestar.
Which of the villas on page 86 do you prefer, and why? Take turns with your classmate to ask and answer questions.

Dibuja un plano parecido a los de la página 86 según la descripción de este apartamento, y nombra los cuartos.
Draw a plan like the ones on page 86 following the description of this apartment, and label the rooms.

Mi apartamento tiene dos dormitorios. Uno es muy grande y el otro es bastante pequeño. El cuarto de baño está cerca de los dormitorios. La cocina está cerca de la puerta principal. Tiene acceso a un comedor pequeño. El salón es bastante grande y tiene un balcón.

Escribe una descripción de tu casa ideal. ¿Qué hay en la planta baja, en la primera planta y en el exterior? Dibuja tu casa si quieres.
Write a description of your ideal house. What is there on the ground floor, on the first floor and outside? Draw your house if you want.

¿Dónde están mis tenis?

Mamá, ¿dónde están mis tenis?

Están en tu dormitorio.

Sí, pero ¿dónde?

1

¿Debajo de tu cama?

No, no están ahí.

6

¿Dentro del armario?

No, no están ahí.

2

¿Sobre la mesa?

No, no están ahí.

7

¿Detrás de la estantería?

No, no están ahí.

3

¿Delante de la silla?

No, no están ahí.

8

¿En la alfombra?

No, no están ahí.

4

¿Enfrente del espejo?

No, no están ahí.

9

¿En las gavetas?

No, no están ahí.

5

¿Cerca de la ventana?

No, no están ahí.

10

¿Lejos de la puerta?

No, no están ahí.

11

¿Al lado de la pared con los pósteres encima?

No, no están ahí.

12

Pues, no sé…a ver…pero ¡qué desorden! Nunca sabes dónde están tus cosas. Mira, aquí están tus tenis, en el lugar correcto, entre el armario y la mesa.

Ah, sí. Gracias, Mamá.

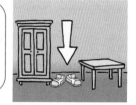

VOCABULARIO

mi, mis	my	la gaveta	drawer
tu, tus	your	la pared	wall
el armario	cupboard, wardrobe	el póster	poster
la alfombra	rug	la cosa	thing
el espejo	mirror	el lugar	place

Gramática

Did you notice the words which we use to say 'my' or 'your'? *Mi* and *mis* both mean 'my', and *tu* and *tus* mean 'your'. They are known as **possessive adjectives** and, like all adjectives, we must remember one thing when using them. Do you recall what that is? All adjectives must agree with the noun they describe. For example: *mi dormitorio, mis pósteres, tu cama, tus tenis*. *Su* and *sus* are used to express 'your' when addressing someone in a more formal situation, and can also mean 'his' or 'her'.

We have also met *nuestra casa* meaning 'our house'.
Nuestro, nuestra, nuestros, nuestras all mean 'our' and are used according to whether the noun to which they refer is masculine, feminine, singular or plural.

Note the difference between the words in the sentence ¿*Tú* tienes *tu* libro de español? 'Do **you** have **your** Spanish book?' Written accents are very important in Spanish. They can change the meaning of a word.

| no sé | *I don't know* | ¡qué desorden! | *what a mess!* |
| a ver | *let's see* | nunca sabes | *you never know* |

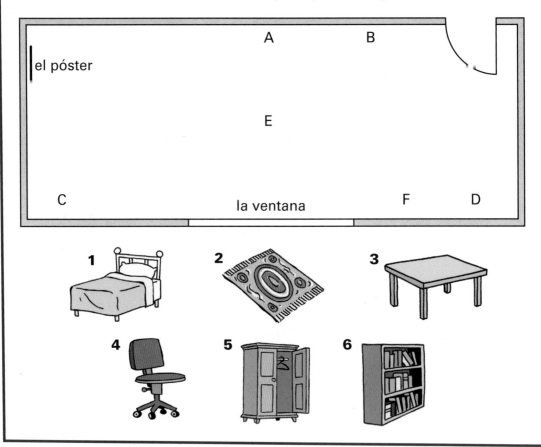

**Alfonso describe su dormitorio.
Escucha la descripción, luego identifica
la posición en el plano de cada cosa
mencionada.**

*Alfonso is describing his bedroom. Listen to
the description, then identify the position on
the plan of each thing he mentions.*

Track: 48

Actividad · Actividad
7

el póster

A   B

E

C   la ventana   F   D

1   2   3

4   5   6

Actividad · Actividad
8

**Describe tu dormitorio. Menciona cinco
cosas que están ahí. ¿Cómo son?
¿Dónde están?**

*Describe your bedroom. Mention five
things that are there. What are they
like? Where are they?*

El día de la mudanza

Track: 49

Es el día de la mudanza a la nueva casa. Los agentes de mudanzas preguntan dónde poner los muebles.

A ver… en el salón, enfrente de la ventana.

¿Dónde ponemos el sofá?

1

¿Y las butacas?

También en el salón, una a cada lado del sofá.

4

¿La estufa?

Al lado del fregadero, en la cocina.

2

¿El microondas?

En la cocina, por supuesto.

5

¿Y la lavadora?

En el lavadero.

3

¿La nevera?

En la cocina, debe estar debajo de la ventana.

6

¿El televisor?

En mi dormitorio.

No, no… en el salón, por favor.

Ay, Mamá.

7

¿La mesa y las sillas?

Todas en el comedor.

9

¿Y la computadora?

En el rincón, debajo de la escalera.

8

¿Y el aparato de música?

También en el salón.

10

¿Las camas?

En los dormitorios. La cama individual en el dormitorio pequeño, y la cama de matrimonio en el dormitorio grande.

Muy bien, esto es todo.

VOCABULARIO

la mudanza	house move	la estufa/cocina de gas	stove
el agente de mudanzas	removal man	el fregadero	sink
poner	to put	la lavadora	washing machine
los muebles	furniture		
el sofá	sofa	el televisor	television set
la butaca	armchair	el aparato de música	music centre
el microondas	microwave	el rincón	corner
la nevera	fridge	la escalera	stairs
deber	(to) ought to, must	la cama individual	single bed
		la cama de matrimonio	double bed

Por ejemplo: La cocina de gas está en el cuarto de baño. Debe estar en la cocina.

¡Qué confusión! Los agentes no oyen bien las instrucciones y ponen los muebles en el sitio incorrecto. Estudia el dibujo de la casa y toma turnos con tu pareja para decir dónde están los muebles y dónde deben estar.

What confusion! The removal men didn't hear the instructions very well and put the furniture in the wrong places. Study the picture of the house and take turns with your classmate to say where the things are, and where they should be.

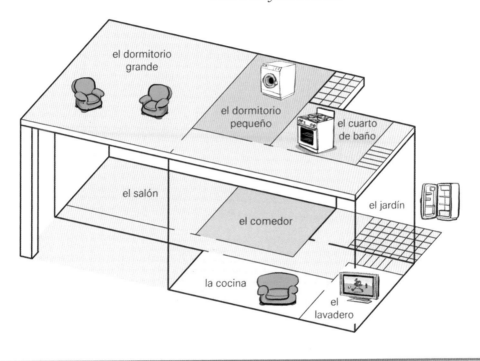

Situaciones

Responde a estas situaciones en español.

1 Your friend is asking if you have a television in your room. What does he say? You reply, telling him where it is.
2 Your father's friend is looking for somewhere new to live. Your father asks him what sort of place he prefers. What does he ask? And what does the friend reply?
3 Your computer is not working. The repairman asks where it is. What does he say? And what do you reply?
4 Your grandmother has come to stay and is looking for her favourite armchair, but it has been moved into the garage. What does she ask, and what do you reply?

Alejandro escribe una carta a sus amigos donde habla de la nueva casa. Lee la carta y contesta las preguntas.

Alejandro writes a letter to his friends in which he talks about the new house. Read the letter and answer the questions.

Queridos amigos:

Aquí estamos en la nueva casa y ahora todo está en orden. Pero ¡qué confusión el día de la mudanza! Ahora los muebles están en el sitio correcto.

La casa es bonita. Tenemos un jardín bastante grande y una terraza al lado de la cocina. Abajo están el salón y el comedor. Y, claro, hay una cocina y un lavadero, que es bastante pequeño pero muy práctico (dice mamá).

Los dormitorios están arriba. Mi dormitorio no es grande pero me gusta mucho. Hay una cama individual al lado de la puerta, enfrente de la ventana, y tengo el aparato de música en la mesa de noche. Ahora que mis pósteres están en las paredes es más familiar. Mi dormitorio es mucho mejor ahora.

Bueno, nada más por hoy. Escríbanme pronto.
Un abrazo
Alejandro

1 ¿Cómo es la nueva casa?

2 ¿Y cómo es el jardín?

3 ¿Dónde está la terraza?

4 ¿Qué habitación es muy práctica?

5 ¿Cómo es el dormitorio de Alejandro?

6 ¿Qué mueble está enfrente de la ventana?

7 ¿Dónde está el aparato de música?

8 ¿Qué hay en las paredes?

Diseña un anuncio para una casa en venta. Nombra las habitaciones, explica dónde está la casa y da un detalle sobre el jardín.

Design an advertisement for a house for sale. Name the rooms, explain where the house is and give one detail about the garden.

Lee el siguiente texto y contesta las preguntas.

Read the following text and answer the questions.

SE VENDEN
Muebles
Nos mudamos a una casa pequeña
Tenemos que vender algunos muebles

Un **sofá** para 3 personas, en buena condición
Una **mesa** de cocina muy grande
Dos **butacas** muy cómodas, del mismo material
Una **cama** de matrimonio
Dos **camas** individuales
Una **alfombra** enorme

Tel. 09978 321 765

1 What is the reason for the sale?

2 What is on sale for a) the kitchen b) the bedroom
c) the lounge and d) the bathroom?

Nota Cultural

Compare the housing we are discussing in this unit with that of the Uros people, who live on Lake Titicaca. This lake, high in the Andes, is the highest navigable lake in the world and is situated between Bolivia and Peru. The Uros live on islands made of reeds that grow around the lake. They use the reeds for their houses, furniture and boats. The Uros people have been living on the lake for hundreds of years, since the Incas took over their land and forced them to take up residence on the floating islands. They were able to defend themselves more easily because the islands on which they live move around! They make their living from fishing and from selling their reed handicrafts to tourists.

¿Ayudas en casa?

In this unit you will:

- talk about what you do or have to do to help at home
- learn to give instructions

Ayudamos en casa

Track: 50

Mamá:	Esta casa está hecha un *desastre*.
Mónica:	¡Ay, Mamá! No es nada.
Mamá:	En serio. Tienen que hacer algo para ayudar en casa.
Mónica:	Pero Mamá. Es sábado. Voy a tomar un vaso de jugo y vuelvo a la cama.
Mamá:	¡No! ¡A levantarse todos! Voy a repartir las tareas.
Andrés:	Bueno, yo quiero hacer la comida. Me gusta cocinar.
Mónica:	No es justo. Yo quiero hacer la comida.
Mamá:	¡Chicos, chicos! Vamos a hacer una *especie de lotería*. Sorteamos los quehaceres. Voy a hacer una lista y todos están aquí otra vez a las nueve y media, en punto. ¿De acuerdo?
Andrés y Mónica:	Sí, Mamá.

Las tareas domésticas

- planchar la ropa
- sacar la basura
- limpiar el cuarto de baño
- barrer el piso
- preparar la comida
- pasar la aspiradora
- lavar el carro
- poner la mesa
- fregar los platos
- poner la lavadora
- lavar la ropa
- cortar el césped
- hacer las compras
- hacer las camas
- quitar el polvo
- arreglar los dormitorios

VOCABULARIO

ayudar en casa	to help at home	volver (o→ue)	to go back, return
repartir	to divide, share out	hecho/a un desastre	in a mess
sortear	to draw lots	en serio	seriously
planchar	to iron	las tareas/ los quehaceres	chores
sacar	to take out	una especie	a kind, type
limpiar	to clean	en punto	on the dot
barrer	to sweep	de acuerdo	OK
poner la mesa	to set the table	la basura	garbage
cortar	to cut	el piso	floor
quitar el polvo	to dust	la aspiradora	vacuum cleaner
arreglar	to tidy up	el césped	lawn
fregar (e→ ie) / lavar los platos	to do the washing up		

Escucha a los cinco jóvenes. Hablan sobre cómo ayudan en casa. Apunta en inglés lo que hace cada uno.
Listen to the five young people. They are talking about how they help at home. Make a note in English of what each one does.

Track: 51

Actividad 1

Gramática

Do you remember the expressions of time and frequency we met in Unit 5, page 67? Try to use them now to describe when, or how often, you help with the household chores. For example: *Plancho **de vez en cuando**; Friego los platos **cada noche**.*

Toma turnos con los otros miembros de la clase. Pregunta y contesta sobre los quehaceres.
Take turns with other members of the class to ask and answer about household chores.

Por ejemplo: ¿Qué haces tú para ayudar en casa? ¿Qué hace tu padre? ¿Qué hacen tus hermanos? ¿Quién lava los platos cada noche? ¿Quién saca la basura?

Usa el cuadro para escribir cinco frases para describir quién hace qué tarea, y cuánto, en casa.
Use the grid to make five sentences to describe who does which chore, and how often, at home.

Subject		Verb	Adverb of frequency
Yo		lavar los platos	siempre
Mi padre		sacar la basura	cada día/noche/manana/
Mi hermano		barrer el piso	tarde
Mi hermana		pasar la aspiradora	normalmente
Mi madre		quitar el polvo	muchas veces
		arreglar el dormitorio	a menudo
		hacer la cama	de vez en cuando
		preparar la comida	pocas veces
		planchar la ropa	raras veces
	no		nunca

¿Cuál es tu tarea?

Track: 52

Mamá:	Aquí estamos. ¿Quién quiere sortear primero?
Mónica:	Yo...Yo voy primero.
Mamá:	Bueno, toma. ¿Qué tienes?
Mónica:	'Saca la basura'. Muy bien. Hasta luego.
Mamá:	No, no. Espera. Hay más de una tarea para cada persona.
Andrés:	Ahora me toca a mí. 'Plancha la ropa'. ¡Ay no!
Carolina:	Y a mí. 'Prepara la cocina'. ¡Sí!
Andrés:	¿Y papá? 'Lava el carro' y 'Limpia el cuarto de baño'. ¡Ugh!
Luis:	'Friega los platos'. No tengo ganas de fregar los platos. ¿Y qué más? 'Haz las camas'.
Mónica:	'Barre el piso'.
Andrés:	'Pon la mesa'.
Carolina:	¿Y yo? 'Pasa la aspiradora'. ¡Sí, señor!

Lava el carro

Muy bien. Es todo.

Pero, ¿qué haces tú, Mamá?

¿Yo?...Hago las compras.

'Gloria'

EXPRESIONES ÚTILES

me toca a mí	*it's my turn*
no tengo ganas de (+ infinitive)	*I don't want to (do...)*
más de	*more than (when used with numbers)*

Gramática

The verb forms used in the dialogue on page 99 differ from what we have met before. How are they used here? They are used to give instructions or commands. In each case the mother has written an instruction for each member of her family, for example *pasa, prepara, lava*.

In most cases the command form is formed quite simply and logically. For *-ar* verbs the singular familiar command ends in *-a*; for example *plancha, saca*. For *-er* and *-ir* verbs it ends in *-e*; for example *barre, escribe*.

But there are also some irregular ones which must be learnt separately: *Haz las camas* (from the verb *hacer*); *Pon la mesa* (from the verb *poner*).

This form of the command is used when speaking to one person you know very well, such as a friend or family member, or to a small child. We call this the **singular, informal or familiar, command**.

Remember, nobody likes being told what to do. When giving commands, the tone of voice you use is very important.

Actividad 4

En la clase prepara un sorteo de las tareas domésticas. Toma turnos para sortear una tarea en secreto. Luego haz la acción para tus compañeros. Ellos tienen que decir lo que haces.
In class, prepare a draw of household chores. Take turns to pick a chore in secret. Then act out the chore for your classmates. They have to say what you are doing.

Por ejemplo:

Barre el piso.

José barre el piso.

¿Qué tienes que hacer?

Track: 53

Mamá:	Muchas gracias a todos por el trabajo. La casa está como nueva.
Todos:	De nada, Mamá.
Mamá:	Y para mantener limpia la casa, todo el mundo tiene que hacer algo. Cada uno tiene que hacer la cama cada mañana. Andrés, tú tienes que sacar la basura cada noche, barrer el piso de vez en cuando y lavar el carro cada mes. Mónica, tú tienes que planchar la ropa.
Mónica:	¿Y Luis? ¿Qué va a hacer Luis?
Mamá:	Luis, tú tienes que poner y quitar la mesa cada día y fregar los platos.
Carolina:	¿Y yo, Mamá? ¿Qué tengo que hacer?
Mamá:	Carolina, tú tienes que pasar la aspiradora y quitar el polvo dos veces a la semana. Y papá tiene que limpiar el cuarto de baño.
Luis:	¿Y tú, Mamá?
Mamá:	Yo tengo que hacer las compras y preparar la comida. ¿Entendido? Todos tienen que ayudar.

Suena el teléfono… rrring, rrring.

Mónica:	Lo siento. No puedo salir. Tengo que planchar la ropa.

VOCABULARIO

mantener	*to keep, maintain*
quitar la mesa	*to clear the table*
poder (o→ue)	*to be able*
¿entendido?	*understood?*

Gramática

Tener que + infinitive is a very useful expression. Can you work out what it may mean? 'To have to do something'. For example, *Todos tenemos que hacer la cama.* 'We all have to make our beds'.

This is a way of indirectly giving a command. *Tú tienes que limpiar el cuarto de baño.* 'You have to clean the bathroom'.

Actividad 5

Tu amigo te llama por teléfono. Te invita a salir con los amigos, pero no puedes. Tienes que ayudar en casa. Inventa algunos diálogos con tu pareja según los dibujos. Luego inventa algunos independientemente.
Your friend phones you. He/She invites you out with a group of friends, but you can't go. You have to help at home. Invent some dialogues with your classmate, using the pictures. Then invent some of your own.

Por ejemplo:

¿Quieres ir al cine?

Lo siento. No puedo. Tengo que barrer la terraza.

a

b

c

Tu madre no está en casa y te deja una lista de instrucciones. Lees la lista, pero luego vas a la computadora y escribes un correo electrónico a tu amigo donde dices lo que tienes que hacer.
Your mother is not at home and she leaves you a list of instructions. You read the list, but then you go to your computer and write an email to your friend in which you say what you have to do.

Saca la basura

Pon la mesa

Haz las camas

Friega los platos de esta mañana

Arregla el salón

Pasa la aspiradora en el salón

Y quita el polvo ahí también

Gracias cariño. Hasta luego, Mamá

Juega con tus compañeros.
Play with your classmates.

- Vais a necesitar un dado (o podéis hacer un trompo con un cartón y un palo).
- Toma turnos con el dado.
- Si llegas a una tarea doméstica, tienes que dar la instrucción de esta tarea.
- Si no puedes, tienes que volver atrás tres pasos.
- Si llegas a la escoba, tienes que subir.
- Si llegas al agua, tienes que bajar.
- El ganador es el que llega primero al número 30.

- *You will need a dice (or you can make a spinner with a card and a stick).*
- *Take turns with the dice.*
- *If you arrive at a household chore you have to give the instruction for that chore.*
- *If you can't, you have to go back three squares.*
- *If you land on a broom you have to go up.*
- *If you land on the water, you have to go down.*
- *The winner is the first to reach 30.*

Nota Cultural

The name for labour-saving appliances in Spanish is often a compound noun, for example, *el lavaplatos* (dishwasher), made up of a part of the verb and the noun, which describe the function of the item. These nouns are masculine in gender, many end in *–s* in the singular. Always look at the article, to see if the noun is in the singular or plural (e.g. *el lavaplatos no funciona bien/los lavaplatos son muy útiles*).

1 ¿Qué haces para ayudar en casa?

2 ¿Qué hace tu hermano/a o tu madre/padre?

3 ¿Quién cocina?

4 ¿Limpias el cuarto de baño de vez en cuando? ¿Cuándo?

5 ¿Cuántas veces a la semana friegas los platos?

Lee el siguiente texto y contesta las preguntas.
Read the following text and answer the questions.

En la casa de Felipe todos ayudan porque los padres trabajan y no tienen mucho tiempo entre semana. Los hermanos toman turnos para poner y quitar la mesa y para fregar, pero es Felipe quien cocina, porque a él le gusta y cocina muy bien. El fin de semana los niños tienen tiempo libre y descansan. Los padres hacen la compra, trabajan en el jardín y limpian la casa.

1 Why do Felipe and his brothers and sisters help out during the week?

2 Who lays and clears the table?

3 What other job do they take turns at?

4 Why does Felipe cook?

5 What do the children do at weekends?

6 Name three things the parents do.

Situaciones

Responde a estas situaciones en español.

1 A friend is complaining that she can't go out as she has to help at home. You tell her what you do to help. What do you say?

2 Your younger brother borrowed your best T-shirt. In return he said he would do some of your chores. He asks what he should do. What do you tell him?

3 It's exam time and you are excused from your daily chores. Your friend asks who is doing them instead. You tell him. What do you say?

Mi querido pueblo

UNIDAD 8

In this unit you will:

- talk about where you live
- describe what your home town is like
- say what there is to do there
- give a reply to invitations to different places

Yo vivo en...

Tres jóvenes hablan de dónde viven.

Track: 54

Soy Manuel. Yo vivo en un barrio céntrico de la ciudad de Palmira. Es muy divertido pero no es nada tranquilo. Hay mucho que hacer. Me gusta ir al cine, al centro comercial y al videoclub. También salgo muy a menudo con los amigos. Pero las calles están sucias. No me gusta el tráfico y cuando hay muchos carros a veces está muy contaminado. Sin embargo, me gusta.

Soy Patricia. Yo vivo en las afueras de Santiago. Es una zona donde hay tiendas grandes y modernas y un estadio, pero no hay muchas diversiones. Si quieres ir al cine hay que tomar un autobús al centro de la ciudad. Y el transporte público no es muy bueno. Lo bueno es que no hay mucho ruido, es bastante tranquilo y me encanta.

Soy Roberto. Yo vivo en el campo, en una aldea pequeña. Es un pueblo muy bonito, pero no hay nada que hacer.
Lo malo es que no hay muchos jóvenes, y para ir a la ciudad sólo hay un autobús al día. Pero lo importante es que el aire es limpio, todo es muy verde, y siempre hace buen tiempo.

VOCABULARIO

tranquilo/a	quiet
contaminado/a	polluted
la tienda	shop
la diversión	entertainment
sucio/a	dirty
el ruido	noise
la aldea	village
el pueblo	town, village

EXPRESIONES ÚTILES

hay mucho que hacer	there is a lot to do
no hay nada que hacer	there is nothing to do
lo bueno es que	the good thing is that
lo malo es que	the bad thing is that
lo importante es que	the important thing is that

Track: 54

Contesta las preguntas acerca de los textos.
Answer the questions about the texts.

1 Where in Palmira does Manuel live?

2 Name three places he likes to go to.

3 What is a disadvantage of the place where he lives?

4 Where in Santiago does Patricia live?

5 What is there for her to do nearby?

6 Can she get to the cinema easily? Why (not)?

7 What is good about where she lives?

8 Where does Roberto live?

9 What does he see as a disadvantage?

10 What is one advantage of where he lives?

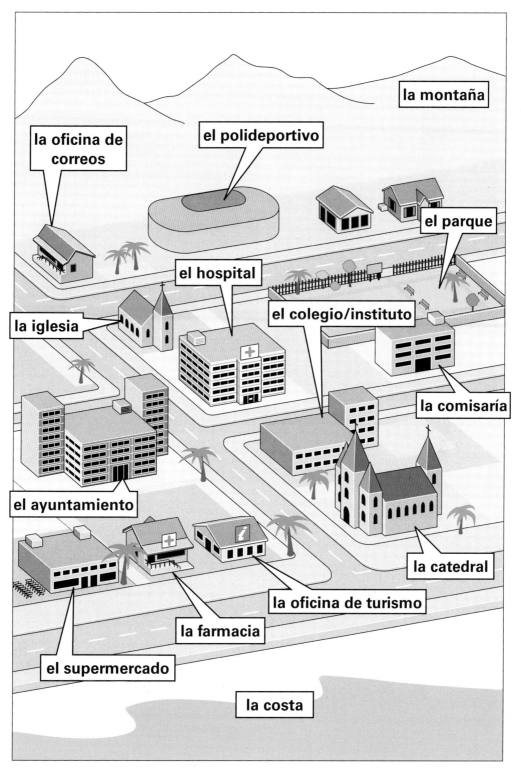

la montaña

la oficina de correos

el polideportivo

el parque

el hospital

el colegio/instituto

la iglesia

la comisaría

el ayuntamiento

la catedral

la oficina de turismo

la farmacia

el supermercado

la costa

Track: 55

Escucha a los diez jóvenes que hablan de donde viven. Empareja cada persona con la letra de la foto más apropiada.

Listen to the ten young people who are talking about where they live. Pair up each person with the letter of the most appropriate photo.

A

B

3

¿Prefieres el campo o la ciudad? ¿Por qué? Haz una encuesta en la clase. Pregunta a tus compañeros y apunta las respuestas y las razones que dan. Luego prepara unas frases para resumir lo que dicen.

Do you prefer the country or the city? Why? Do a survey of the class. Ask your classmates and note down the answers and the reasons they give. Then prepare some sentences to summarise what they say.

4

¿Te gusta tu pueblo/barrio/ciudad? ¿O no? ¿Por qué (no)? Escribe cinco frases para expresar tu opinión.

Do you like your town/neighbourhood/city? Or not? Why (not)? Write five sentences to express your opinion.

La Habana

Un visitante cubano viene a tu colegio a hablar de su ciudad. Escucha y lee lo que dice.

Track: 56

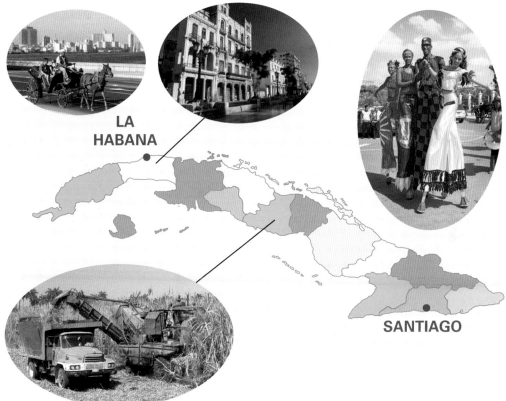

LA HABANA

SANTIAGO

Yo vivo en la capital de Cuba, La Habana. Está situada en la costa, en el noroeste de la isla. Es una ciudad bastante grande, con una población de dos millones de habitantes.

La Habana es una ciudad histórica con muchos edificios coloniales magníficos que datan del siglo XVI. La mayor parte de la ciudad es bonita, pero hay algunos edificios muy viejos en malas condiciones. Pero hay construcciones modernas ahora también.

Y los carros son muy interesantes. Muchos datan de la época de los años cincuenta.

Sin embargo, es una ciudad divertida y hay mucho que hacer en La Habana.

En las afueras de la ciudad todo es más tranquilo. Hay montañas alrededor, y zonas agrícolas.

También hay zonas turísticas, con hoteles modernos en playas preciosas. La economía depende mucho del turismo.

¡Hay que visitar La Habana! Es una ciudad encantadora.

VOCABULARIO

estar situado/a	*to be situated*	alrededor	*around*
el noroeste	*north-west*	agrícola	*agricultural*
la isla	*island*	turístico/a	*touristic*
el habitante	*inhabitant*	la economía	*economy*
el edificio	*building*	encantador(a)	*delightful*
colonial	*colonial*		

Gramática

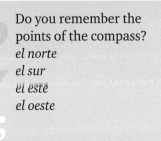

Do you remember the points of the compass?
el norte
el sur
el este
el oeste

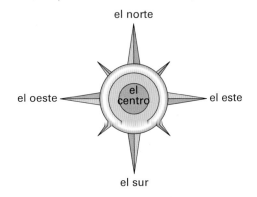

el norte

el oeste — el centro — el este

el sur

Actividad 5

Escoge la respuesta correcta a cada pregunta.
Choose the correct answer to each question.

1 ¿Dónde está situada La Habana?
   a En el este.
   b En la montaña.
   c En el sur.
   d En la costa.

2 ¿Cómo es La Habana?
   a Es bastante grande.
   b Es bastante pequeña.
   c Es enorme.
   d Es rural.

3 ¿Es moderna o antigua?
   a Es muy histórica.
   b Es muy moderna.
   c Sólo hay construcciones nuevas.
   d Hay barrios modernos y barrios históricos.

4 ¿Y los carros?
   a Hay cincuenta carros.
   b Son modernos.
   c Son antiguos.
   d Son malos.

5 La Habana tiene…
   a …pocas diversiones.
   b …mucho turismo.
   c …malos hoteles.
   d …playas feas.

 **Escucha a las personas que hablan de donde viven. Luego escoge la palabra correcta para completar las frases que resumen lo que dicen.**

Listen to the people talking about where they live. Then choose the correct word to complete the sentences that summarise what they say.

1 Mi pueblo es muy histórico/aburrido/rural.

2 Mi pueblo es bonito/moderno/comercial.

3 Mi pueblo es tranquilo/industrial/limpio.

4 Mi pueblo es antiguo/sucio/turístico.

¿Qué hay que hacer en tu pueblo?

Muchos jóvenes se quejan de que no hay nada que hacer en su pueblo o barrio, ¿verdad?

¿Qué hay en tu comunidad?

¿Hay una piscina?

¿Un polideportivo?

¿Un videoclub?

¿Una biblioteca?

¿Un cine?

¿Unas tiendas?

¿Un parque?

¿Un centro comercial?

¿Una discoteca?

¿Una cafetería?

¿A dónde vas?

Track: 59

Ricardo:	¿A dónde vas, Carlos?
Carlos:	Voy al videoclub a alquilar un DVD.
Ricardo:	¿No quieres tomar un refresco en la cafetería?
Carlos:	Sí, ¿cómo no? Y si vamos al café de internet, puedo navegar en la red.
Ricardo:	Y tú, Alonso, ¿qué haces?
Alonso:	Voy a la piscina. Voy a ver a Laura. Vamos a nadar.
Ricardo:	Bueno. Si pasas por la biblioteca, ¿me puedes pedir prestado el último disco compacto de Shakira?
Alonso:	¿Cómo no? Y nos vemos en el colegio mañana, ¿eh?
Ricardo:	Sí, hasta mañana entonces. Vámonos Carlos.

VOCABULARIO

quejarse	*to complain*	nadar	*to swim*
la comunidad	*local area*	pedir (e→i) prestado	*to borrow*
alquilar	*to rent, hire*	el disco compacto	*CD*
navegar en la red	*to surf the net*	nos vemos	*(I'll) see you*

Actividad 7

Toma turnos con tu pareja.
Pregunta y contesta.
Take turns with your classmate.
Ask and answer.

1 ¿A dónde vas si quieres ver una película?

2 ¿A dónde vas si quieres hacer las compras?

3 ¿A dónde vas si quieres jugar al fútbol?

4 ¿A dónde vas si quieres bailar?

5 ¿A dónde vas si quieres alquilar un vídeo?

6 ¿A dónde vas si quieres nadar?

7 ¿A dónde vas si quieres pedir prestado un libro o un disco compacto?

8 ¿A dónde vas si quieres practicar deportes?

9 ¿A dónde vas si quieres tomar un refresco?

10 ¿A dónde vas si quieres navegar en la red?

Escucha y lee esta conversación entre dos amigas. Luego contesta las preguntas.
Listen and read this conversation between two friends. Then answer the questions.

Marisol:	¿Sí? ¿Aló?
Genoveva:	¿Está Marisol?
Marisol:	Sí, soy yo.
Genoveva:	Hola. Soy Genoveva. ¿Qué tal?
Marisol:	Bien, ¿y tú?
Genoveva:	Yo bien. Mira, ¿quieres salir esta tarde?
Marisol:	Pero, ¿a dónde? No hay nada que hacer en este pueblo.
Genoveva:	¡Qué va! Hay mucho que hacer. ¿Por qué no vamos al centro comercial? Podemos ir de compras.
Marisol:	No, no tengo dinero.
Genoveva:	Bueno, ¿por qué no vamos al parque? Podemos ver el partido de criquet.
Marisol:	No, no me interesa el criquet.
Genoveva:	Bueno, ¿por qué no vamos a la cafetería? Te invito a tomar un refresco.
Marisol:	No, no quiero ir a la cafetería.
Genoveva:	¿Por qué no vamos a la playa? Podemos bañarnos en el mar.
Marisol:	No, no me gusta la playa.
Genoveva:	Pero, ¿qué quieres entonces?
Marisol:	No sé. Lo malo de este pueblo es que no hay nada que hacer.
Genoveva:	¡Eres imposible!

1 Why doesn't Marisol want to go shopping?

2 What is wrong with the idea of going to the park?

3 How does Genoveva try to persuade Marisol to go to the cafeteria?

4 What does she suggest they do at the beach?

5 What does Marisol think about the town in which they live?

Inventa un diálogo corto con tu pareja donde le invitas a salir a un sitio en el pueblo. Tu pareja tiene que responder que sí o que no, y con una razón.
Invent a short dialogue with your classmate in which you invite him/her to go out somewhere in the town. Your classmate has to reply yes or no, and give a reason.

Track: 61

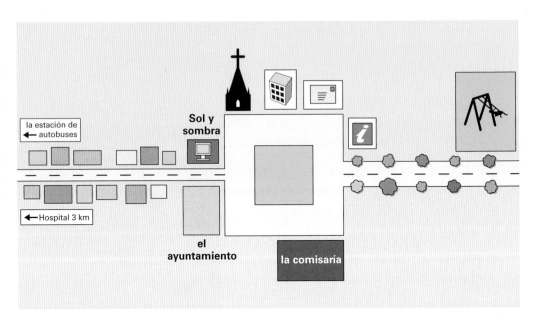

Un amigo viene a ver a Manolo por primera vez en su casa. Pide una visita guiada de su pueblo. Quiere saber…

Miguel: ¿Qué hay de interés en tu pueblo, Manolo?

Manolo: Bueno, de verdad, en el pueblo no hay mucho que hacer. Vamos a dar un paseo por ahí.

En el centro del pueblo hay una plaza. Aquí están los edificios principales como el ayuntamiento, la comisaría, la oficina de turismo, la oficina de correos, el Hotel Real…ah sí, y mi cafetería favorita, Sol y Sombra, que es también un café de internet. Al lado del Café está la iglesia Santa Cruz, que es la iglesia principal del pueblo.

Salimos por la Avenida que es muy ancha con muchos árboles, como ves. Aquí la gente viene a pasear o sentarse por la tarde.

Al final está el parque donde jugamos al fútbol, y más lejos hay el estadio y la piscina.

Si salimos de la plaza por el otro lado pasamos por las tiendas y el mercado y llegamos hasta la estación de autobuses.

Hay tiendas de todo tipo, como ves. Una frutería, una carnicería, una pescadería, un supermercado, una tienda de modas, y una zapatería.

El hospital está en las afueras. Está bastante lejos, a dos o tres kilómetros.

| ¿qué hay de interés...? | what is there of interest...? |
| por primera vez | for the first time |

VOCABULARIO

dar un paseo	to go for a walk
pasear	to go for a stroll
sentarse (e→ie)	to sit down
la plaza	square
ancho/a	wide
el árbol	tree
una frutería	greengrocer's
una carnicería	butcher's shop
una pescadería	fishmonger's
una tienda de modas	clothes shop
una zapatería	shoe shop

Gramática

The verb *pedir* means 'to ask for'. Compare it with the verb *preguntar* which means 'to ask (a question)'. It is important to remember the difference and to use each in the correct way.

Gramática

A whole family of words can be found in the names of shops in Spanish. For example:

carne/carnicero/carnicería	meat/butcher/butcher's shop
zapato/zapatero/zapatería	shoe/shoemaker/shoe shop
pan/panadero/panadería	bread/baker/bread shop
pescado/pescador/	fish/fisherman/
pescadero/pescadería	fishmonger/fishmonger's
fruta/frutal/frutero/	fruit/fruit tree/fruiterer/
frutera/frutería	fruit bowl/fruit shop

Track: 62

Estudia el mapa del pueblo de Tomás, luego escucha su comentario. Algunas cosas que dice no son correctas. Primero, ¿cuáles no son correctas? ¿Puedes corregirlas?

Study the plan of Tomás' village, then listen to his commentary about it. Some of the things he says are not correct. First, which are not correct? Can you correct them?

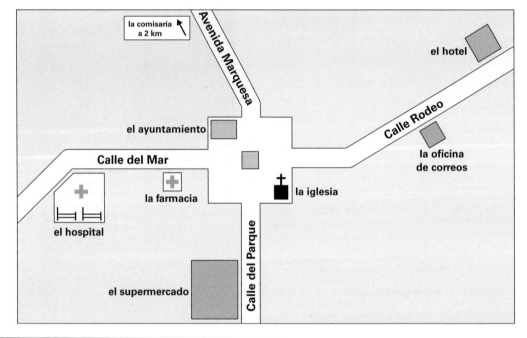

Prepara un folleto turístico ilustrado que habla de tu pueblo o región y lo que se puede hacer ahí. Puedes dividirlo en secciones.

Prepare an illustrated tourist leaflet which talks about your town or region and what you can do there. You can divide it into sections.

- Para hacer las compras hay… (por ejemplo, un centro comercial)
- Para visitar hay… (por ejemplo, unos monumentos históricos)
- Para tomar algo hay… (por ejemplo, una cafetería)
- Para divertirse hay… (por ejemplo, una piscina)

Nota Cultural

When you look around your home town, can you find any links to the Spanish language, or any hints of a Hispanic historical connection? Many towns and cities in the Caribbean have Spanish names, Ocho Ríos in Jamaica, San Fernando in Trinidad, the name Trinidad itself... and then there are Port of Spain, and Spanish Town. Which others can you find?

Gramática

Look at the following words: *panadería, María, comisaría*.
Did you notice there is an accent on the vowel 'i'?

When two or more vowels come together, they can constitute separate syllables, as in *tarea*. This is often the case when both vowels are strong (a, e, o).

When the vowels are weak (i, u), or when we combine a weak vowel with a strong one, they will normally constitute a single syllable, a **diphthong**. As a useful memory tool: 'you and I – 'u' and 'i' – are weak', and the other vowels are strong.

When two weak vowels ('u', 'i' and 'y' in final position) come together, they constitute a diphthong, with the stress on the second of the vowels. For example *muy* (stress on 'y') and *ruido* (stress on 'i').

When a weak vowel is paired up with a strong vowel, it counts as one syllable and the stress naturally falls on the strong vowel. For example *causa* (the 'a' is stressed), *Juan* (the 'a' is stressed), *tienda* (the 'e' is stressed).

There are a few cases when a weak vowel followed by a strong one won't form a diphthong, and this is indicated with an accent on the weak vowel (as in *panadería, María, comisaría*).

Situaciones

Responde a estas situaciones en español.

1 A neighbour has some friends from Costa Rica staying for two days. She knows you speak some Spanish and brings them to see you. They ask what there is to do in your town. What do they say and how do you reply?

2 You have arranged to meet your Venezuelan friend in the town square at 8. But there are roadworks on the way (*la carretera está en obras*). Leave a voicemail message on your friend's cell phone explaining the problem and suggesting another place to meet.

3 A friend has a lot of varied shopping to do and cannot decide whether to go to the large out-of-town supermarket or not. He asks you what shops are in the town centre. What does he say and what do you reply?

Escucha la canción *Brisas del Torbes*. Contesta las preguntas que siguen.

Listen to the song Brisas del Torbes. Answer the questions which follow.

Track: 63

1 Which mountain range does the singer mention?

2 How does he describe the nightingale?

3 To what does he compare the mountain?

4 Can you find this elsewhere?

En la noche canta
la brisa sobre el Torbes
es como flor de los Andes
es como el café de aquí.
Vengan todos cantando,
vengan todos riendo,
sobre colinas verdes
la paz del alma vuelve a mi.
Brisas del Torbes
verdes colinas, dulce vivir. (bis)

Soy de los Andes,
soy todo corazón,
soy como el ruiseñor*
que canta y es feliz.

Yo no me voy de aquí
la montaña es mi flor
y flores grandes como estas
solo hay aquí
y flores como estas
solo hay aquí. (bis)

Cantemos todos,
con alegría,
ante el claro paisaje,
de esta tierra de paz.
De la montaña
a la alquería
presente en las notas
de este cantar.

el ruiseñor = the nightingale

Luis Felipe Ramón y Rivera

Nota Cultural

El Pueblo Español in Barcelona is a museum of the architecture of all the different regions of Spain. It is situated on a hill overlooking the city of Barcelona, with plenty of space for each region to have an area dedicated to the typical housing and main buildings which feature in towns of that area. It was built in 1929, when Barcelona held the World Fair, and is still a tourist attraction to this day. In just a morning you can wander around all the different regions of Spain! Quite an achievement!

Prueba 2   Unidades 5–8

Tracks: 64-67

1 Catalina habla de cómo reparten las tareas domésticas en su casa. Primero lee las preguntas, luego escucha lo que dice Catalina, y contesta las preguntas en inglés.
Catalina is talking about how they divide the domestic chores at her house. First read the questions, then listen to what Catalina says and answer the questions in English.

1 Why is it good that they all help out at Catalina's house?

2 How does Catalina help on weekdays?

3 What does her father do?

4 Who helps him?

5 At weekends, who dusts?

6 Who vacuums?

7 What does Catalina's mother do? (2 things)

8 What does Catalina's father do? (2 things)

2 ¿Quién habla? Escucha y empareja cada persona con la letra de la casa o del piso que describe.
Who is talking? Listen and pair up each person with the letter of the house or flat they describe.

a

b

c

d

e

f

3 Escucha los resultados de atletismo. El profesor lee de la lista alfabética. Escribe los nombres de los atletas en orden numérico.
Listen to the athletics results. The teacher reads from the alphabetical list. Write the names of the athletes in numerical order.

Por ejemplo:
1° Elena
2° …

Clara	David	Elena	Jorge	Manuel
Mariluz	Paquita	Roberto	Sara	Tomás

4 Los amigos hablan sobre los beneficios y las desventajas de vivir en la ciudad. Escucha lo que dicen y apunta en inglés tres beneficios y tres desventajas.
The friends are discussing the advantages and disadvantages of living in the city. Listen to what they say and note down in English three advantages and three disadvantages.

B

1 Describe estas habitaciones en tres o cuatro frases.
Describe these rooms in three or four sentences.

1

2

3

4

2 Toma turnos con tu pareja para preguntar y contestar.
Take turns with your classmate to ask and answer.

1 ¿A qué hora regresas a casa después del colegio?
2 ¿A qué hora te despiertas los sábados?
3 ¿Dónde te vistes normalmente?
4 ¿A qué deportes juegas?
5 ¿Cómo te diviertes en el colegio?
6 ¿A qué hora te acuestas entre semana?

3 Prepara respuestas a las preguntas siguientes. Luego toma turnos con tu pareja para preguntar y contestar. Varia el orden de las preguntas.
Prepare answers to the following questions. Then take turns with your classmate to ask and answer. Vary the order of the questions.

1 ¿Qué haces para ayudar en casa?
2 ¿Quién cocina en tu casa?
3 ¿Qué hace tu mamá/papá/hermano para ayudar en casa?
4 ¿Quién saca la basura?
5 ¿Haces la cama cada día?
6 ¿Arreglas tu dormitorio?

4 Toma turnos con tu pareja para preguntar y contestar. ¿Qué hay de interés en tu pueblo?
Take turns with your classmate to ask and answer. What is there of interest in your town/village?

C

1 Ordena las frases cronológicamente.
Put the sentences into chronological order.

1 Por la tarde descanso.
2 Me levanto tarde, sobre las nueve y media.
3 Me acuesto a las diez.
4 Me lavo después de levantarme.
5 Me despierto a las nueve.
6 Me visto y voy a la cocina para desayunar.
7 Me ducho antes de acostarme.
8 Veo mi programa favorito antes de cenar.

2 Lee la descripción de los jóvenes que viven en este edificio.
Identifica cómo se llama cada persona en el dibujo.
*Read the description of the young people who live in this apartment
building. Identify what the name of each person is in the picture.*

En la primera planta viven dos chicos y una chica. Ella se llama Marisa y ellos se llaman Tomás y Esteban.
El chico que vive en la tercera planta se llama Miguel y la chica se llama Elena.
En la planta baja viven Patricia, Marcos y Nuria, y un chico que se llama Alejandro.
Y en la segunda planta las chicas se llaman Eugenia y Federica, y el chico y la chica se llaman Paula y Ramón.

D

1 Escribe algunas preguntas para una entrevista con una persona famosa. Usa cada una de estas palabras en las preguntas.
*Write some questions for an interview with a famous person.
Use each one of these words in the questions.*

¿Cuántos/as?   ¿Dónde?   ¿Por qué?   ¿Cuándo?   ¿Qué?

¿Quién?

2 Escribe una descripción de unas 50 palabras sobre una de las habitaciones en tu casa.
Write a description of about 50 words of one of the rooms in your house.

UNIDAD 9

Pasarlo bien en casa

In this unit you will:

- discover how to talk and write about things you like to do at home
- discuss the different types of activities
- explain why you prefer certain types
- seek information about other people's preferences

¡Qué día!

Track: 68

> ¡Qué día! No puedo salir.
> No sé qué hacer.
> Voy a llamar a Carlos,
> a ver qué hace.

Carlos:	Dígame.
Fernando:	Hola, ¿está Carlos, por favor?
Carlos:	Sí, soy yo.
Fernando:	Hola, soy Fernando. ¿Qué haces hoy?
Carlos:	No mucho. Tengo un libro muy bueno, es una novela policíaca muy emocionante o leo una revista.
Fernando:	No me gusta leer
Carlos:	¿Y no hay nada en la tele?
Fernando:	No me interesa la tele.
Carlos:	Voy a jugar a los videojuegos esta tarde, y charlar con los amigos por internet.
Fernando:	No tengo ganas de jugar en la computadora.
Carlos:	Pues, ¿por qué no escuchas música?
Fernando:	Quizás, pero me aburre escuchar música.
Carlos:	O puedes organizar una pijamada para el fin de semana.
Fernando:	Es que estoy muy cansado.
Carlos:	Pues, ¡qué difícil es! Bueno, ahora yo voy a jugar con mi perro.
Fernando:	Bueno, adiós.
Carlos:	Sí, adiós. Hasta mañana.

VOCABULARIO

dígame	hello (first thing you say when answering the phone)
emocionante	exciting
la revista	magazine
charlar	to chat
la pijamada	sleepover
cansado/a	tired

Busca en el diálogo de la página 125 las siguientes palabras y expresiones.
Find the following words and expressions in the dialogue on page 125.

1 I'm not interested in…

2 I don't like…

3 I don't want to…

4 …bores me

5 Perhaps

6 See you tomorrow

Track: 69

¿Qué te gusta hacer por la tarde? Escucha a los jóvenes que hablan de sus pasatiempos favoritos. Apunta en inglés lo que les gusta hacer.
What do you like to do in the evening? Listen to the young people talking about their favourite hobbies. Note down in English what they like to do.

¿Qué te gusta hacer en tus ratos libres en casa? Contesta la pregunta según los dibujos.
What do you like to do in your free time at home? Answer the question according to the pictures.

Ana escribe un correo electrónico a Teresa donde habla de sus pasatiempos en casa. Copia el mensaje y escribe palabras apropiadas en vez de los dibujos.
Ana writes an email to Teresa in which she talks about her home pastimes. Copy the message and write suitable words instead of the pictures.

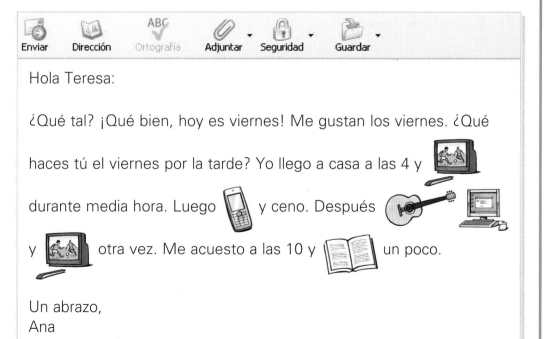

Enviar　Dirección　Ortografía　Adjuntar　Seguridad　Guardar

Hola Teresa:

¿Qué tal? ¡Qué bien, hoy es viernes! Me gustan los viernes. ¿Qué

haces tú el viernes por la tarde? Yo llego a casa a las 4 y

durante media hora. Luego 　 y ceno. Después

y 　 otra vez. Me acuesto a las 10 y 　 un poco.

Un abrazo,
Ana

Track: 70

	Cadena 1	Cadena 2
		Serie policíaca – Madison, detective privado
7:00	Dibujos animados	
7:30	Telenovela – Mi amor perdido	
8:00	Tempo – vídeos musicales	Documental – La Antártica
9:00	Gran concurso de sábado por la noche	Don Quijote* – caballero español
9:30	Noticias	Película – James Bond es 007
10:00	Deportes – Liga de España Fútbol Real Madrid contra FC Barcelona	
11:30	Últimas noticias	Últimas noticias

*see page 129

Carlos:	¿Qué vemos esta tarde?
Miguel:	Mira, a las 8 pasan los vídeos de música.
Carlos:	Pero yo quiero ver este documental. Es muy bueno según mi profesora de geografía.
Miguel:	No es justo. Siempre vemos lo que quieres tú.
Mamá:	Pero es más educativo.
Miguel:	Pero Mamá...
Mamá:	Bueno, si vemos el documental, tú puedes escoger otro programa.
Miguel:	Bien, entonces, yo quiero mirar el fútbol en ESPN.
Mamá:	De acuerdo.

VOCABULARIO

la cadena, el canal	*channel*
perdido/a	*lost*
el concurso	*competition, game show*
las últimas noticias	*latest news*
pasar	*to put on*
según	*according to*
justo/a	*fair*
educativo/a	*educational*
escoger	*to choose*

Nota Cultural

*Have you heard of 'Don Quijote'? He is perhaps the most famous literary character in the Hispanic world. Don Quijote is the main character in the work by Miguel de Cervantes, who is referred to by some as the 'Spanish Shakespeare'. Cervantes lived at about the same time as William Shakespeare. His novel was about a knight called Don Quijote who travelled around Spain with his trusty companion Sancho Panza, doing heroic deeds.

Las telenovelas, or the Latin soap operas, are extremely popular in the Hispanic world. The storylines often feature many beautiful, immaculately dressed women, who are seen by many as models to aspire to. Some tell a 'rags to riches' story, for example *María la del Barrio* (Mexico) and *Betty la Fea* (Colombia). Many *telenovela* stars become as famous as some Hollywood stars. In fact many go on to Hollywood after the soap opera has finished. That in itself is another big difference between Latin soaps and US TV dramas: the Latin stories have an ending, and do not run and run as some US storylines do.

Actividad 5

Trabaja con tu compañero/a. Pregunta qué pasan en la televisión esta tarde para rellenar los espacios en el horario televisivo. El/la compañero/a A trabaja en esta página y el/la compañero/a B trabaja en la página 184.
Work with your classmate. Ask what is on television tonight to fill in the gaps in the television schedule. Classmate A works on this page and classmate B works on page 184.

A

	Canal Oro	Canal Plus
8.00	Deportes – baloncesto en vivo	
9.00		Telecomedia
9.30		Concurso de ABC
10.00	Noche de los Óscars – serie de películas famosas	
11.00	Últimas noticias	

Lee esta conversación, luego escoge la respuesta correcta a cada pregunta.
Read this conversation, then choose the correct answer to each question.

Leandro: ¿Qué pasan esta tarde en la televisión?
Anita: Vamos a ver... Mira, hay un documental sobre la historia del Caribe a las ocho.
Leandro: ¿En qué canal?
Anita: El dos. Dicen que trata de la época de la independencia hasta hoy.
Leandro: Me aburre un poco la historia. ¿Qué otros programas hay? ¿Algo más divertido?
Anita: Pasan los Simpsons a las 9 en el canal veintiséis. Esto sí que es más divertido.
Leandro: ¿Y las noticias? ¿A qué hora pasan las noticias?
Anita: ¿Te interesan las noticias?
Leandro: No mucho, pero quiero saber el resultado del partido de fútbol entre Venezuela y México.
Anita: Ah sí, mira, a las nueve en la cadena treinta y siete.
Leandro: La misma hora que los Simpsons. ¡Qué pesado!

1 ¿Qué pasan a las ocho?

   a El partido.
   b Un documental.
   c Las noticias.
   d La cadena.

2 ¿De qué trata?

   a De los incas.
   b De las noticias.
   c De la historia caribeña.
   d De los *Simpsons*.

3 ¿Le gusta la historia a Leandro?

   a La encuentra interesante.
   b La encuentra aburrida.
   c La encuentra divertida.
   d La encuentra independiente.

4 ¿Qué otro tipo de programas quiere ver?

   a Un canal.
   b Una comedia.
   c Un drama.
   d Un concurso.

5 ¿A qué hora pasan los *Simpsons*?

   a A las ocho.
   b A las ocho y media.
   c A las nueve.
   d A las nueve y media.

6 ¿Por qué quiere Leandro ver las noticias?

   a Le interesan las noticias.
   b Le interesan los *Simpsons*.
   c Le interesan los deportes.
   d Le interesan las cadenas.

7 ¿A qué hora pasan las noticias?

   a A las siete y media.
   b A las ocho.
   c A las nueve.
   d A las nueve y media.

Actividad 7

Mira el horario de televisión de esta noche en la guía de esta semana. Escribe una descripción de lo que pasan, a qué hora y si te gusta o no, y por qué (no).
Look at the television schedule for tonight in this week's guide. Write a description of what is on, at what time and if you like it or not, and why (not).

¿Qué alquilamos?

Track: 71

Los amigos se reúnen en el videoclub para decidir qué vídeo ver en casa de César esta noche.

César: ¿Qué alquilamos? Dicen que la nueva película de Tom Cruise es muy buena.

Magdalena: Me gusta como actor, es muy guapo, pero a veces hay demasiada acción.

Antonio: Me gusta la acción. Es muy emocionante.

Yolanda: Yo prefiero la comedia romántica, como por ejemplo, la nueva película de Julia Roberts.

César: ¡Ay no! ¡Qué tonta es esta película! Me aburren las películas románticas.

Antonio: A mí me gustan las películas de ciencia-ficción o de terror.

Magdalena: Por favor, no me gustan nada. Las encuentro terroríficas. ¿Por qué no alquilamos una película de dibujos animados? Es graciosa y muy divertida.

César: Sí, y también muy infantil.

Yolanda: No vamos nunca a ponernos de acuerdo. ¿Qué pasan en la televisión?

VOCABULARIO

decir	to say
tonto/a	silly
terrorífico/a	terrifying
gracioso/a	funny
infantil	childish
ponerse de acuerdo	to agree

Aquí hay una lista de algunas de las varias categorías de película que hay.
Here is a list of some of the different categories of films that there are.

una película de acción	una película de terror
una película romántica	una película de ciencia-ficción
una película cómica	una película de dibujos animados

Da un ejemplo del título de una película en cada categoría, luego di si te gusta o no, y por qué (no).
Give an example of the title of a film in each category, then say if you like it or not and why (not).

Puedes usar razones como, por ejemplo:
You can use reasons like, for example:

Es divertida	Es tonta
Es emocionante	Es graciosa
Es aburrida	El actor/La actriz es muy
Es infantil	bueno/a, malo/a, guapo/a,
Es cómica	divertido/a, cómico/a
Es terrorífica	

Pregunta a tus compañeros de clase cuál es su película favorita y por qué. ¿Estás de acuerdo con tus compañeros?
Ask your classmates which is their favourite film and why. Do you agree with your classmates?

Por ejemplo:

¿Cuál es tu película favorita?

King Kong.

¿Qué tipo de película es?

Una película de acción.

¿Por qué te gusta?

Es emocionante.

Track: 72

Escucha y lee este texto donde Tomás habla de los intereses musicales de su familia.

Mi familia es aficionada a la música de muchos tipos. A mi padre le gusta la música jazz, y a mí me gusta también porque relaja bastante.

Mi madre es aficionada a la música clásica y la ópera, pero a mí no me gusta tanto. La encuentro muy difícil de escuchar. Ella canta en un coro también.

A mi hermano menor le encanta la música pop y el reggaetón. También toca el violín en la orquesta del colegio.

Yo prefiero la música calipso y el merengue. Son muy alegres, vivos, rítmicos. Y me dan ganas de bailar.

Mi hermana mayor toca la batería en un grupo y canta un poco. Este verano tocan en un concierto de músicos jóvenes en el parque. No toca mal. Tiene mucho ritmo. Es buena música para bailar.

¿Qué tipo de música te gusta a ti?
¿Tocas algún instrumento?
¿Y los otros miembros de tu familia?
¿Cuáles son sus intereses musicales?

VOCABULARIO

aficionado/a	*fan of*	vivo/a	*lively*
relajar	*to relax*	rítmico/a	*rhythmic*
tanto/a	*so much*	la batería	drums
menor	*younger*	bailar	*to dance*
alegre	*happy*		

EXPRESIONES ÚTILES

me dan ganas de bailar	*they make me want to dance*
(Compare with 'tengo ganas de + infinitive' – *I want to...*)	
las ganas	*desire (to do something)*

¿Te gusta la música? Contesta las preguntas en el texto de arriba, explicando tus gustos musicales y los de tu familia.
Do you like music? Answer the questions in the text above, explaining the musical tastes of you and your family.

Copia y rellena este cuestionario sobre tus pasatiempos y escribe un comentario sobre los resultados.
Copy and fill in this questionnaire about your hobbies and write a comment on the results.

• ¿Te gustan estos pasatiempos? • ¿Sí o no? • ¿Cuánto tiempo dedicas a cada pasatiempo? • ¿Cuántas veces a la semana o al mes lo practicas? •

	¿Te gusta o no?	¿Cuánto tiempo dedicas a este pasatiempo?	¿Cuántas veces lo practicas?
leer			
escuchar música			
tocar un instrumento			
cantar			
bailar			
ver la televisión			
jugar con videojuegos			
navegar por internet			
hablar por teléfono			
enviar mensajes de texto			
alquilar un vídeo			
cocinar			
hacer los deberes			
dormir			
charlar por internet			
sacar fotos			

Compara los resultados con los de tus compañeros.
Compare the results with those of your classmates.

1 ¿Qué te gusta hacer por la tarde?

2 ¿Qué tipo de películas prefieres? ¿Por qué?

3 ¿Cuál es tu programa de televisión favorito? ¿Por qué?

4 ¿Qué música te gusta? ¿Por qué?

5 ¿Quién es tu autor favorito? ¿Qué tipo de libros escribe?

Situaciones

Responde a estas situaciones en español.

1 A friend asks if you know what is on TV that night. You do, it's your favourite programme. You tell your friend about it. What do you say?

2 You are trying to decide which film to see. You don't like your friend's suggestion. You explain why. What do you say?

3 You are chatting via the computer link with a friend from abroad. He asks about your musical tastes. What do you say?

Lee el siguiente texto y contesta las preguntas.
Read the following text and answer the questions.

Mi hermano menor es adicto a la televisión. Siempre ve los dibujos animados y otros programas infantiles. Y no es justo porque él no tiene deberes y pasa tres o cuatro horas al día frente a la televisión. Y yo no tengo tiempo para ver mi equipo favorito de baloncesto.

1 Who is a TV addict?

2 What does he always watch?

3 Why is it not fair?

4 How long does he spend watching TV?

5 What would the writer like to watch?

Al aire libre

In this unit you will:

- say what sports and outdoor activities you like to do
- talk about your aches and pains
- discuss the weather and invite someone to go out and do something
- learn about famous people and a sporting event in the Hispanic world

¡Qué día más bonito!

¡Qué día más bonito! Voy a salir. Voy a llamar a Carlos a ver qué hace.

Track: 73

Carlos:	Hola.
Fernando:	Hola, ¿está Carlos?
Carlos:	Sí, soy yo.
Fernando:	Hola, soy Fernando. ¿Qué estás haciendo? ¿Quieres ir a jugar al fútbol en la playa?
Carlos:	No, no me gusta el fútbol. ¿Por qué no vamos al cine?
Fernando:	Pero no está lloviendo. Hace buen tiempo y quiero estar al aire libre. ¿Vamos a jugar al tenis?
Carlos:	No, juego muy mal. ¡Y qué aburrido es!
Fernando:	Bueno, ¿prefieres dar una vuelta en bicicleta?
Carlos:	No, gracias, odio el ciclismo. Y además estoy escuchando música.
Fernando:	¿Vamos a nadar en la piscina?
Carlos:	No, prefiero navegar por internet.
Fernando:	¿O el baloncesto al lado del garaje?
Carlos:	Me da igual. No juego muy bien al baloncesto.
Fernando:	Bueno, entonces no sé. No quieres hacer nada. ¡Puedes hacer los deberes! ¡Adiós, Carlos! ¡Hasta luego!
Carlos:	Sí, adiós Fernando.

VOCABULARIO

mal	*badly*	bien	*well*
dar una vuelta	*to go for a trip around*	me da igual	*I don't mind*

Gramática

Estoy escuchando música. Carlos uses this phrase to tell Fernando what he is doing at the time of talking on the phone. The verb tense used describes a continuous action in the present.

Can you see how the **present continuous** tense is formed? We use a part of the verb *estar* with what is called the **present participle** or **gerund** of different verbs. The present participle is formed by taking the stem of the infinitive and adding *-ando* for *-ar* verbs, and *-iendo* for *-er* and *-ir* verbs. For example:

*estoy escuch**ando***	I am listening
*¿estás com**iendo**?*	are you eating?
*él está **viendo** la televisión y*	he is watching the
*ella está escrib**iendo** cartas*	television and
	she is writing letters
*mis padres están habl**ando***	my parents are talking

Algunos deportes...

Juegos (jugar a)

el baloncesto

el criquet

el fútbol

el nétbol

el tenis

el voleibol

Actividades (practicar)

el atletismo

el ciclismo

la gimnasia

la natación

Note *jugar* is followed by a, and then the article and the name of the sport.
And *jugar + a + el ... = jugar al ...*
e.g. *jugar al baloncesto.*
Practicar takes no article, just the name of the sport e.g. *practicar gimnasia.*

1

Track: 74

Escucha las conversaciones. ¿A qué invitan los jóvenes? ¿Por qué no pueden? Da dos razones para cada conversación en inglés.
Listen to the conversations. What are the young people being invited to do? Why can't they do it? Give two reasons for each conversation in English.

2

Trabaja con tu pareja. Invita a tu pareja a salir...
a al cine   **b** al parque   **c** al partido   **d** a la feria.
Tu pareja responde con una razón. Luego cambia de rol.
Usa el presente continuo en algunas respuestas.
Work with your classmate. Invite your classmate to go out...:
a *to the cinema*   **b** *to the park*   **c** *to the match*   **d** *to the fair*
Your classmate replies with a reason. Then swap roles. Use the present continuous in some of the replies.

3

Lee el póster, luego contesta las preguntas.
Read the poster, then answer the questions.

GRAN FESTIVAL
DE
BALONCESTO

Lunes 7 de julio
A las 4 de la tarde
El parque Wellington

Entrada abierta
para equipos o individuos.

Inscripción: Sábado 5 de julio
De 12 a 2 de la tarde
En la Oficina del parque

1 What is being organised?
2 Where is it happening?
3 When is it taking place?
4 Who can enter?
5 When should you register?
6 Where does registration take place?

Track: 75

Andrés:	Pero, ¿qué te pasa?
Manuel:	Lo siento, Andrés. No tengo ganas de jugar. Me duele muchísimo la cabeza.
Rosa:	Y yo tengo el brazo roto. Yo no puedo jugar.
Bernardo:	Y no puedo jugar tampoco. Me duelen los pies.
Sebastián:	Discúlpame, Andrés. Yo tengo dolor de estómago. No quiero jugar.
Andrés:	Pero, ¿qué voy a hacer? ¡Qué equipo!

EXPRESIONES ÚTILES

¿qué te pasa?	*what's up?, what's the matter?*
me duele(n)…	*my… hurt(s) me*
tengo el/la… roto/a	*I have a broken…*
tengo dolor de…	*I have a… ache*
¡discúlpame!	*I am sorry*

Gramática

Do you see which verb is used to say that something hurts? The verb *doler*, (which is radical-changing o→ue). It is mostly used in the third person, singular or plural depending on what hurts. For example: *me duele la cabeza, me duelen los pies*.

Another way in which we can say something hurts is to use the expression *tener dolor de...* For example: *tengo dolor de cabeza*.

Can you see something which is different in Spanish to the way we talk about parts of the body in English? *Me duele el estómago*. In Spanish we do not use the possessive adjective, and talk about **my** stomach, we simply use the definite article (*el/la/los/las*).

El cuerpo

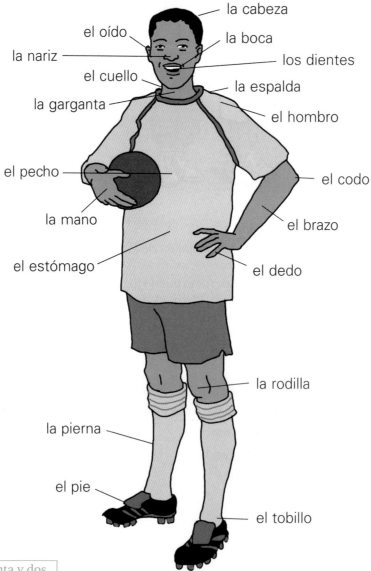

la cabeza

el oído

la nariz

el cuello

la garganta

la boca

los dientes

la espalda

el hombro

el pecho

la mano

el estómago

el codo

el brazo

el dedo

la rodilla

la pierna

el pie

el tobillo

Empareja cada dibujo con la frase apropiada. ¡Cuidado! Sobran frases.

Pair up each picture with the correct sentence. Be careful! There are spare sentences.

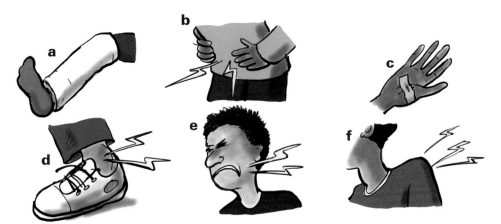

1	Me duele el hombro.	**6**	Tengo el pie roto.
2	Tengo la pierna rota.	**7**	Me duele la espalda.
3	Tengo el brazo roto.	**8**	Me duele la mano.
4	Me duelen los dientes.	**9**	Me duele el estómago.
5	Me duele el tobillo.	**10**	Me duele la garganta.

Gramática

What can you say about *roto*? It is an adjective here and, as such, must agree with the noun it describes. For example: *la pierna rota, el tobillo roto.*

Gramática

The verb *doler* works like *gustar* and is normally used in the third person only. Like *gustar*, the pronouns change according to who is being hurt. For example:

me duele(n)	it/they hurt(s) me
¿te duele(n)?	do(es) it/they hurt you?
le duele(n)	it/they hurt(s) him/her/you
nos duele(n)	it/they hurt(s) us
les duele(n	it/they hurt(s) them/you

Toma turnos con tu pareja. Haz gestos para mostrar qué te duele. Tu pareja tiene que decir qué te pasa.
Take turns with your classmate. Act out what hurts you. Your classmate has to say what is the matter with you.

Por ejemplo:

Te duele el dedo.

El profesor de educación física espera a sus alumnos, pero no pueden practicar ningún deporte. Cada alumno tiene una carta de su mamá con una excusa.
¿Qué dice cada carta?
The PE teacher is waiting for the pupils but they can't do any sport. Each pupil has a letter from their mother with an excuse. What does each letter say?

Por ejemplo:

Carlos no puede jugar al baloncesto porque le duele la rodilla.

¿Qué tiempo va a hacer?

Track: 76

El sábado: 35°C

por la mañana

por la tarde

El domingo: 5°C

por la mañana

por la tarde

Horacio:	¿Qué vamos a hacer este fin de semana?
Clara:	¿Qué tiempo va a hacer?
Mamá:	Mira el pronóstico* del tiempo en la red**.
Mamá:	Va a hacer buen tiempo el sábado y va a hacer calor. Pero por la tarde va a estar un poco nublado con viento.
Clara:	¿Podemos ir a la playa por la mañana?
Mamá:	Sí, buena idea.
Mamá:	El domingo, hmmm… Va a hacer mal tiempo por la mañana y va a llover y a hacer frío. Pero va a ser mejor por la tarde.
Horacio:	Bueno, ¿por qué no hacemos los deberes por la mañana el domingo y salimos al parque por la tarde?
Mamá:	De acuerdo.

*el pronóstico del tiempo = *the weather forecast*
**la red = *the internet*

Gramática

Have you noticed how we talk about something that is going to happen in the near future? We use a part of the verb *ir* + *a* + an infinitive.

Voy a ir al cine	I am going to the cinema
¿Qué tiempo va a hacer?	What will the weather be like?
Va a llover	It is going to rain

¿qué tiempo va a hacer?	what is the weather going to be like?
¿qué tiempo hace?	what is the weather like?
hace buen tiempo	the weather is good/fine
va a hacer buen tiempo	the weather is going to be good
hace calor	it is hot
hace sol	it is sunny
está nublado	it is cloudy
hace viento	it is windy
hace mal tiempo	the weather is bad
llueve	it is raining
va a llover	it is going to rain
hace frío	it is cold

Lee este artículo en el periódico.
Luego contesta las preguntas.
Read this article from the newspaper.
Then answer the questions.

Este fin de semana va a ser muy interesante para el pequeño pueblo de Paluca. Su equipo de fútbol, de la tercera división, va a jugar contra el equipo de la capital, de la primera división, en la Copa Nacional.

Los residentes de Paluca van a ver a los famosos miembros del equipo nacional. Van a llegar al pueblo el sábado por la mañana. El partido es a las cinco de la tarde. A las siete menos cuarto más o menos, los futbolistas de los dos equipos van a pasar por el centro del pueblo para saludar* a los residentes.

Va a ser un fin de semana inolvidable**.

*saludar to greet
**inolvidable unforgettable

1 What sort of weekend is forecast for the people of Paluca?

2 Why should it be so?

3 Who is going to arrive on Saturday morning?

4 What is going to happen at 5 o'clock?

5 Who is going to go through the town?

6 At what time is this going to happen?

Actividad 8

Trabaja con tu pareja. Estudia el pronóstico meteorológico para la semana que viene. Toma turnos para preguntar y contestar sobre qué tiempo va a hacer cada día.

Work with your classmate. Study the weather forecast for the coming week. Take turns to ask and answer questions about what the weather is going to be like each day.

Por ejemplo:

> ¿Qué tiempo va a hacer el lunes?

> Va a hacer calor, pero va a estar nublado.

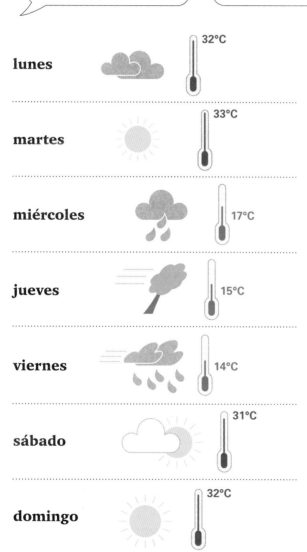

lunes		32°C
martes		33°C
miércoles		17°C
jueves		15°C
viernes		14°C
sábado		31°C
domingo		32°C

Una invitación a salir. Federico invita a Isabel a salir. Escucha la conversación y contesta las preguntas.

An invitation to go out. Federico invites Isabel to go out. Listen to the conversation and answer the questions.

1 Where does Federico invite Isabel to go?

2 When is it?

3 What is Isabel's problem?

4 Why can't she change it?

Trabaja con tu *compañero/a*. Usa estas frases para empezar una conversación telefónica donde invitas a tu amigo/a al cine. Tu amigo/a tiene que inventar la respuesta. Practica el diálogo para luego decirlo a la clase.

Work with your classmate. Use these phrases to begin a telephone conversation in which you invite your friend to the cinema. Your friend has to invent the reply. Practise the dialogue so you can then act it out to the class.

- Hola
- ¿Está...?
- Sí, soy yo.
- Soy... ¿Qué tal?
- Bien gracias. ¿Y tú?
- Yo bien. ¿Quieres ir al cine esta tarde?

Situaciones

Responde a estas situaciones en español.

1 In an email to a Spanish-speaking pen pal you are talking about an accident a friend was involved in. Say where he/she hurts, and if any bones are broken.

2 Your brother has asked not to be disturbed. You are conversing on the Internet with a friend who wants you to ask your brother something. You explain that you cannot, because your brother is studying and learning his Spanish verbs.

3 You don't want to go out as the weather is so bad where you live. Text the friend you were supposed to be meeting. Ask him/her what the weather is like where he/she is and say what the weather is like where you are.

La vida de un joven deportista español

- Juega con la mano izquierda, pero usa la mano derecha naturalmente.
- Para mantenerse en forma levanta pesos, 30 kg con la mano izquierda y 25 kg con la mano derecha.
- En los zapatos pone *vamos* en el zapato izquierdo y *Rafa* en el zapato derecho.

- Rafael Nadal es un joven famoso en el mundo del tenis.
- Es español, de Manacor, en la isla de Mallorca en el Mar Mediterráneo.
- Empieza a jugar a los cinco años, con su tío Toni.
- A los 18 años empieza a hacer su carrera. Gana el primero de sus triunfos en los grandes campeonatos de tenis de cancha de tierra batida, el Open de Francia.

VOCABULARIO

empezar (e→ie)	*to start, begin*	la carrera	*career*
seguir (e→i)	*to carry on, continue*	el campeonato	*championship*
ganar	*to win*	el triunfo	*triumph*
mantenerse	*to keep oneself*	en forma	*in form, in shape*
levantar	*to lift*	el peso	*weight*
siendo	*being*	cancha de tierra batida	*clay court tennis*

Actividad 11

Investiga la vida de un actor, cantante, músico o deportista famoso.
Investigate the life of a famous actor, singer, musician or sports person.

- ¿Cómo se llama?
- ¿De qué nacionalidad es?
- ¿De dónde es?

- ¿Cuándo empieza a hacer su carrera?
- ¿Por qué es famoso?
- Añade otros detalles.

Haz un póster para montar, con los otros miembros de la clase, una exposición de gente famosa.
Make a poster to put into a class display of famous people.

Actividad 12

¿Eres deportista? Haz esta encuesta para ver si eres deportista o no.
Are you sporty? Do this quiz to see if you are or not.

1 ¿A qué hora te levantas por la mañana?

   a Lo más pronto posible.
   b Lo más tarde posible.
   c A las 7.
   d A las 8 y media.

2 Imagina que vives a un kilómetro de tu colegio. ¿Cómo vas al colegio?

   a A pie.
   b En bicicleta.
   c En autobús.
   d En carro.

3 ¿Te gustan las clases de deporte en el colegio?

   a Sí, muchísimo.
   b No, pero sé que son importantes.
   c No me gustan nada.
   d Me dan igual.

4 ¿Cuántas veces haces deporte a la semana? Sin contar las clases en el colegio.

   a Nunca.
   b 1 o 2 veces.
   c 3 a 5 veces.
   d 6 o más veces.

5 ¿Juegas en algún equipo?

   a Ahora no, pero antes sí.
   b No, pero quiero jugar en un equipo.
   c No, no me interesa.
   d Sí.

6 ¿Te interesa participar en una maratón en el futuro?

   a No, ¡ni pensar!
   b Sí, me gustaría algún día.
   c Ya entreno. Practico el footing bastante a menudo.
   d No sé.

Ahora suma los resultados.

	a	b	c	d
1	4	1	3	2
2	4	3	2	1
3	4	3	1	2
4	1	2	3	4
5	3	2	1	4
6	1	3	4	2

De 19 a 24
¡Felicitaciones! Eres muy deportista.

De 13 a 18
No está mal, pero con un poco más de esfuerzo puedes estar en buena forma.

De 6 a 12
Tienes que hacer deporte porque es bueno para la salud.

Nota Cultural

Cycling is a very popular sport throughout the Hispanic world, but particularly in Colombia and Spain. Some Hispanic cyclists have been regular winners of world famous races like the *Tour de France*. Three such cyclists are Miguel Induraín from Spain, and Luis Herrera and Santiago Botero from Colombia.

La Vuelta a España es la tercera carrera ciclista más famosa de Europa después del *Tour de France* y el *Giro d'Italia*.

**La Vuelta dura tres semanas.
Recorren más de 3.000 kilómetros, unos 240 al día.**

**En la página 152 hay un juego basado en la Vuelta a España. Juega con hasta seis compañeros.
Necesitas un dado.**

Reglas
- Tira el dado; el primero que tira un seis, empieza.
- Si tiras un seis, tiras otra vez.
- Si llegas a una pregunta, tienes que contestar. ¿Sí?... avanza dos pasos. ¿No?... regresa dos pasos.
- El que llega primero a Madrid gana la Vuelta.

Rules
- *Throw the dice; whoever throws a six first, starts.*
- *If you throw a six, you get another go.*
- *If you land on a question, you have to answer. Yes?... move on two places. No?... go back two places.*
- *Whoever arrives in Madrid first is the winner.*

VOCABULARIO

la vuelta	*tour around*
la carrera	*race*
recorrer	*to go all around*
el recorrido	*route, journey*
hasta	*up to*

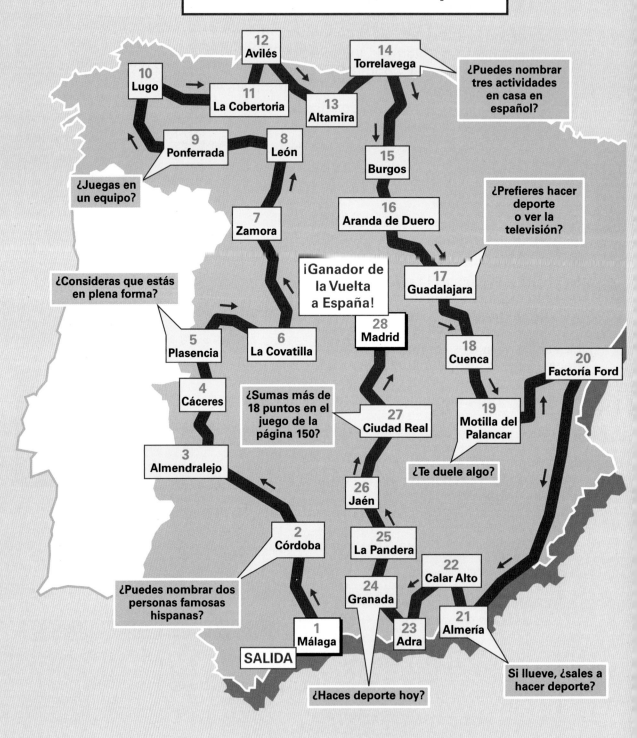

La ruta de la Vuelta a España

12 Avilés

14 Torrelavega

¿Puedes nombrar tres actividades en casa en español?

10 Lugo

11 La Cobertoria

13 Altamira

9 Ponferrada

8 León

15 Burgos

¿Juegas en un equipo?

7 Zamora

16 Aranda de Duero

¿Prefieres hacer deporte o ver la televisión?

¿Consideras que estás en plena forma?

17 Guadalajara

¡Ganador de la Vuelta a España!

5 Plasencia

6 La Covatilla

28 Madrid

18 Cuenca

20 Factoría Ford

4 Cáceres

¿Sumas más de 18 puntos en el juego de la página 150?

27 Ciudad Real

19 Motilla del Palancar

3 Almendralejo

¿Te duele algo?

26 Jaén

2 Córdoba

25 La Pandera

22 Calar Alto

¿Puedes nombrar dos personas famosas hispanas?

24 Granada

23 Adra

21 Almería

1 Málaga

SALIDA

¿Haces deporte hoy?

Si llueve, ¿sales a hacer deporte?

Lo que más me gusta

In this unit you will:

- discuss your likes and dislikes
- express what you need
- talk about your preferences
- say whether you want 'this one', 'that one' or 'that one over there'

¿Qué prefieres?

Track: 78

Sonia y Laura regresan a casa a mediodía.

Sonia:	Mamá, ¿a qué hora comemos?
Mamá:	Vamos a ver… a la una más o menos. Estoy fregando los platos ahora. ¿Qué prefieres? ¿Pollo o pescado?
Sonia:	Pollo frito, por favor, con macarrones. Me gustan muchísimo.
Mamá:	¿No quieres papas?
Sonia:	No, me gustan más los macarrones.
Mamá:	¿Quieres ensalada?
Laura:	Ay, Mamá, siempre con la ensalada.
Mamá:	Sí, porque es buena para la salud. Necesitas comer cinco raciones de fruta y legumbres al día.
Laura:	Sí, sí, ya lo sé, Mamá. ¿Pongo la mesa?
Mamá:	Sí, gracias, hija.

los macarrones	*macaroni*
las papas	*potatoes*
la ensalada	*salad*
la salud	*health*
las legumbres	*vegetables*
necesitar	*to need*

Trabaja con los otros miembros de la clase. Investiga sus preferencias. ¿Cuáles son los resultados?
Work with the other members of your class. Investigate their preferences. What are the results?

Por ejemplo:

> ¿Qué prefieres? ¿Chocolate o fruta?

> Un setenta por ciento (70%) prefiere el chocolate.

> ¿Cuál te gusta más? ¿Agua o limonada?

> Un cuarenta y cinco por ciento (45%) prefiere el agua.

- ¿Pollo o pescado?
- ¿Francés o español?
- ¿Inglés o matemáticas?
- ¿Atletismo o baloncesto?
- ¿Fútbol o tenis?
- ¿Televisión o radio?
- ¿Música clásica o música pop?
- ¿Películas románticas o películas de acción?

Gramática

Note how percentages are expressed in Spanish. It is important to include the article (*el* or *un*) before the number.
Un veinte por ciento, el ochenta por ciento.
Note also that the verb which follows is always in the singular form.
Un diez por ciento de los niños prefiere el pollo frito al pescado.

Empareja cada preferencia con la razón más apropiada.
Pair up each preference with the most appropriate reason.

1 Prefiero jugar al béisbol…

2 Me gustan más los tomates que los macarrones…

3 Prefiero las películas de acción…

4 Prefiero la biología…

5 Me gusta el chocolate…

6 Prefiero las telenovelas…

a …porque es fácil.

b …porque es divertido.

c …porque son románticas.

d …porque son mejores para la salud.

e …porque son emocionantes.

f …porque es rico.

Escribe ocho frases usando el cuadro de abajo.
Write eight sentences using the grid below.

Me gusta No me gusta Prefiero Me gusta más	ver la televisión estudiar geografía estudiar español estudiar visitar a la familia ir al cine jugar al baloncesto tocar el piano ir al colegio escuchar música navegar por internet jugar con los videojuegos	porque es	útil fácil difícil interesante aburrido divertido

Track: 79

cantar   cocinar   escuchar música   hablar por teléfono   sacar fotos

estudiar   bailar   visitar a los amigos   trabajar   viajar

helados   pescado   café   leche   cola

comer: dulces   pasteles   beber: té   batidos   agua

vivir en el Caribe   salir con los amigos   escribir cartas

Gramática

Do you remember about the three groups of verbs that are illustrated above?
Do you remember the groupings?

In Spanish, verbs fall into three groups: those whose infinitive ends in
-ar, those ending in -er, and those ending in -ir.

Remember, it is important to know the infinitive for many purposes. It tells you
how the verb will behave in different tenses and cases, but is also important in its
own right.

It is used in many of the structures which describe our likes and dislikes, wants,
needs and preferences. For example: *Me gusta **escuchar** la radio. Necesito **escribir**
a mi amigo. Prefiero **jugar** al voleibol. Quiero **beber** una cola.*

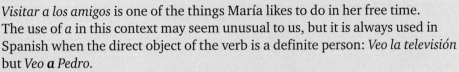

Gramática

Visitar a los amigos is one of the things María likes to do in her free time. The use of *a* in this context may seem unusual to us, but it is always used in Spanish when the direct object of the verb is a definite person: *Veo la televisión* but *Veo **a** Pedro*.

Note that it is not used after *tener*: *Tengo dos hermanos.*

Escribe una lista de tres cosas que te gusta hacer, tres que necesitas hacer, tres que prefieres hacer y tres que quieres hacer.

Write a list of three things you like doing, three that you have to do, three that you prefer doing and three that you want to do.

Carlota recibe un correo electrónico de su amiga Flora. Lee el correo y contesta las preguntas de Flora.

Carlota receives an email from her friend Flora. Read it and respond to Flora's questions.

Enviar	Dirección	Ortografía	Adjuntar	Seguridad	Guardar

Hola Carlota,

¿Cómo estás? ¿Qué haces esta tarde? Mis amigas van a la discoteca. Van a ver a los amigos del colegio. A ellas les gusta bailar y pasarlo bien, pero yo no quiero ir. Prefiero estar más tranquila. Quiero quedarme en casa. Voy a leer un poco y me gusta acostarme bastante temprano. Necesito dormir diez horas. ¿Qué prefieres tú? ¿Te gusta salir o estar en casa? ¿Qué quieres hacer? Si sales este fin de semana, ¿a quién vas a ver?

Bueno, me voy.

Un abrazo,
Flora

¿Qué tal, cariño?

Track: 80

Mercedes: Me duele la cabeza, Mamá.
Mamá: ¿Qué quieres?
¿Una aspirina?
Mercedes: Sí, necesito tomar algo.
Mamá: Toma, necesitas tomar dos cada cuatro horas.

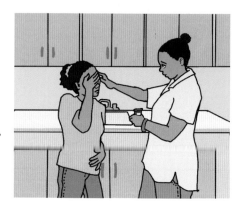

Mercedes: Mamá, tengo calor.
Mamá: A ver. Sí, es verdad. Creo que tienes fiebre. Tienes que beber muchos líquidos.

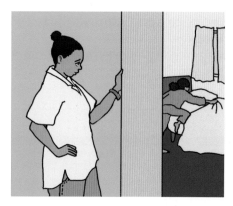

Mercedes: Mamá, me duele todo el cuerpo.
Mamá: Creo que tienes gripe. Debes quedarte en la cama.
Mercedes: ¿Necesito ir al médico?
Mamá: No creo. Voy a la farmacia. Y si mañana no estás mejor vamos a ver al médico.
Mercedes: ¿Tengo que ir al hospital?
Mamá: No, no necesitas ir al hospital.

Al día siguiente…

Mamá: ¿Qué tal, cariño?
Mercedes: Bien, Mamá, mucho mejor. No tengo que ir al médico.
Mamá: No, cariño. ¡Tienes que ir al colegio!

VOCABULARIO

verdad	*true*
la fiebre	*fever, temperature*
el cuerpo	*body*
la gripe	*flu*
quedarse	*to stay, remain*

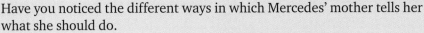

Gramática

Have you noticed the different ways in which Mercedes' mother tells her what she should do.

Necesitas (tomar dos)	You need to (take two)
Tienes que (beber)	You have to (drink)
Debes (quedarte en la cama)	You ought to (stay in bed)

All three forms convey a similar meaning, but with slight variations.

Track: 80

Actividad 6

Contesta las preguntas siguientes sobre el diálogo de la página 158.
Answer the following questions about the dialogue on page 158.

1 What is the first thing that is wrong with Mercedes?

2 What does her mother suggest as a remedy?

3 How do Mercedes' symptoms develop?

4 What is her mother's second piece of advice?

5 Why does her mother think that Mercedes may have flu?

6 What does she tell Mercedes to do?

7 Where does her mother say she will go?

8 Where might they go the next day?

9 What is Mercedes worried about?

10 How does Mercedes feel on the following day, and where does her mother send her?

Actividad 7

Track: 81

Escucha los anuncios. Empareja cada producto con el anuncio apropiado.
Listen to the advertisements. Pair up each product with the appropriate advertisement.

Actividad 8

Empareja las dos partes del comercial y el producto correcto.
Pair up the two parts of the slogan and the correct product.

1 ¿Tienes frío? Necesitas comprar…

2 ¿Hace calor y tienes sed? Necesitas tomar…

3 ¿Te duele la cabeza? Necesitas tomar…

4 ¿Tienes hambre? Sólo necesitas comer…

5 ¿No te gustan los perros? Necesitas comprar…

a …aspirinas CALMA.

b …un bocadillo TOTAL.

c …una alarma ANTICANINO.

d …un jersey TROPICAL.

e …un refresco LIMA LIMÓN.

A
B
C
D
E

Actividad 9

Toma turnos con tu pareja para decir la situación y ofrecer una solución.
Take turns with your classmate to say what the situation is and offer a solution.

Por ejemplo:

Me duele la cabeza.

Necesitas/debes/tienes que tomar una aspirina.

1

2

3

4

¿Tomamos un café?

Clara y su mamá van de compras. Pasan mucho tiempo en la ciudad y compran mucho.

Clara: Ay, Mamá. Estoy cansada.

Mamá: Y yo, Clara, estoy agotada. Tengo ganas de sentarme. Y quiero tomar algo. ¿Qué te parece?

Clara: Buena idea. ¿Vamos a aquella cafetería?

Mamá: ¿Qué quieres tomar? ¿Un té o un café? ¿O prefieres un refresco?

Clara: Prefiero un refresco. Mira, este batido tiene cinco frutas. ¿Comemos algo?

Mamá: Sí, ¡cómo no! Mira esos pasteles. ¿Cuál quieres?

Clara: Mira este pastel de chocolate.

Mamá: O ese de crema.

Clara: No, me gusta más aquel pastel con frutas. ¿Y tú? ¿Cuál prefieres?

Mamá: Yo prefiero ese pastel de café. Me gusta más el café que el chocolate.

Clara: Mmmmm... ¡delicioso!

Gramática

Did you notice how Clara and her mother spoke about how tired they were, and which verb they used? They used the verb *estar*. Remember, *estar* is used to describe states which are temporary, not permanent.

cansado/a	*tired*	este, esta, estos, estas	*this/these*
agotado/a	*exhausted*	ese, esa, esos, esas	*that/those (also, that one)*
¿Qué te parece?	*What do you think?*		
Vamos a…	*Let's go*	aquel, aquella, aquellos, aquellas	*that/those (further away)*

Gramática

Did you also notice the words *este* (*mira este batido*), *esos* (*mira esos pasteles*) and *aquel* (*aquel pastel*)? Can you see when they are used?

When we use these words with the noun, they are known as **demonstrative adjectives**. They show which particular thing we are talking about: *este* (this), *ese* (that/those), *aquel* (that/those – further away).

When they are used without the noun, they stand instead of the noun, and are known as **demonstrative pronouns**: *este* (this one), *ese* (that one), *aquel* (the one further away).

Occasionally, when there is any ambiguity or confusion over what is referred to, we can place a written accent on the first 'e' of the demonstrative pronoun (see table below).

These words change according to the number and gender of the thing you are talking about.

este pastel – this cake	*esta casa* – this house	*estos libros* – these books	*estas chicas* – these girls
ese carro – that car	*esa mujer* – that woman	*esos niños* – those children	*esas alumnas* – those (girl) pupils
aquel hombre – that man (over there)	*aquella calle* – that street (over there)	*aquellos libros* – those books (over there)	*aquellas películas* – those films (over there)
este/éste – this one (m)	*esta/ésta* – this one (f)	*estos/éstos* – these ones (mpl)	*estas/éstas* – these ones (fpl)
ese/ése – that one (m)	*esa/ésa* – that one (f)	*esos/ésos* – those ones (mpl)	*esas/ésas* – those ones (fpl)
aquel/aquél – that one over there (m)	*aquella/aquélla* – that one over there (f)	*aquellos/aquéllos* – those ones over there (mpl)	*aquellas/aquéllas* – those ones over there (fpl)

¿Cuál prefieres? Trabaja con tu pareja. Imagina que vas a comprar un pastel. ¿Cómo explicas cuál quieres? Usa los pronombres.
Which do you prefer? Work with your classmate. Imagine that you are going to buy a cake. How do you explain which one you want? Use pronouns.

Por ejemplo:

> Quiero ese de chocolate.

de café

de chocolate

con frutas

de limón

Nota Cultural

Mexican food is popular the world over, and Mexican restaurants can be found in many cities. Mexican dishes are a fusion of local and European cuisine, reflecting the history of Mexico and the Spanish influences that came to bear. The basic ingredients are locally grown avocados, corn, beans, tomatoes and chili peppers. The Spanish introduced meats, dairy products, and herbs and spices. The base of many dishes is *mole*, which is a sauce containing a fruit or nut and some chili pepper, and even dark chocolate.

Los alumnos del colegio secundario miran una antigua foto de su clase de la escuela primaria. Conversan sobre quién es quién. Identifica quiénes son los alumnos nombrados (sólo hay cinco).

The pupils at the secondary school are looking at a photo of their class in the primary school. They are discussing who is who. Identify the pupils mentioned (there are only five).

- ¿Este chico es Juan?
- ¿Cuál?
- ¿Este, en la primera fila?
- No, no es. Es ese chico al lado del profesor.
- Sí, es verdad. ¿Y aquella chica al fondo? ¿Es Martina?
- No lo creo. Martina es esta, aquí delante.

- Y Pedro. ¿Ves a Pedro?
- Sí, es ese, al lado de Juan.
- ¿Quién es esa chica en la segunda fila, cerca de Pedro?
- Es Lucía.
- ¿Y dónde estás tú, Jorge?
- ¿No ves?
- ¿Eres aquel en la tercera fila?
- No, soy este chico en la primera fila.

Preguntas

1 ¿Cuáles son las cinco frutas y legumbres que más te gustan?
2 ¿Cuál es tu plato favorito?
3 ¿Qué platos sabes cocinar?
4 ¿Cuáles son tus pasatiempos preferidos?
5 ¿Qué necesitas hacer si tienes gripe?

Situaciones

Responde a estas situaciones en español.

1 You are shopping for some fruit in the market. You wish to buy the apples which are the furthest away on the stall. What do you say to the stallholder?
2 You are unable to play in the football team this weekend. What reason do you give the coach?
3 You are chatting with a friend online who asks if you prefer to live in the Caribbean (*el Caribe*) or the USA (*los Estados Unidos*). What do you reply?

De profesión quiero ser...

In this unit you will:

- discover how to say what you would like to do later in life
- talk about the characteristics you may need for that career
- practise descriptions of people

Voy a trabajar

Track: 83

Alfonso:	¿Qué haces esta tarde? ¿Quieres venir al cine?
Manolo:	Lo siento. No puedo. Ayudo en el supermercado esta noche.
Alfonso:	Ay, ¡qué pesado! ¿Seguro que no puedes salir?
Manolo:	Sí, porque es mi trabajo. Es una responsabilidad. Ahorro el dinero para la Navidad. Voy a gastarlo en regalos para la familia y mi novia.
Alfonso:	¿Sí? ¿Y cuánto te pagan?
Manolo:	Depende de cuántas horas trabajo.
Alfonso:	¿Y cuántas horas trabajas?
Manolo:	Hoy empiezo a las cinco y termino a las nueve. Gano $5 por hora.
Alfonso:	¿Sí? ¿Y cómo es el trabajo?
Manolo:	Este trabajo es aburrido, pero conozco a mucha gente y a veces los clientes me dan una propina.
Alfonso:	¿Y necesitan a otras personas? Yo también quiero trabajar en el supermercado.
Manolo:	Bueno, llama al gerente del supermercado.

VOCABULARIO

seguro	*sure*	ahorrar	*to save*
el regalo	*present*	gastar	*to spend*
la novia	*girlfriend*	pagar	*to pay*
el cliente	*customer*	ganar	*to earn*
la propina	*tip*	conocer	*to (get to) know*
el gerente	*manager*		

Gramática

Ahorro el dinero **para** *la Navidad. Gano $5* **por** *hora.*
Para and *por* in Spanish both mean 'for', but are used in different ways.

Para is used:
- to express destination: *Voy para Madrid. El tren sale para Taxco*
- to show the date or time by which something should be done: *Hago la tarea para mañana*
- to show purpose or use: *es para cocinar*
- to show that it is intended for someone: *es para mi amigo*
- to show a goal or intention: *para ser médico.*

Por is used:
- to show the means by which something happens: *por avión, por teléfono*
- to show the duration of time: *voy a estar aquí por cinco días*
- to express motion through a place: *andar por las calles*
- to express exchange: *compro el libro por $10*
- to show cause or reason: *gracias por el regalo.*

Track: 83

Contesta las preguntas con referencia al diálogo de la página 166.
Answer the questions with reference to the dialogue on page 166.

1 Where does Alfonso want to go?

2 Where does Manolo work?

3 What is he going to do with the money?

4 How many hours is he working today?

5 What does he say about the job?

6 What does Alfonso want to do?

7 How does Manolo suggest he goes about this?

Track: 84

Lee los anuncios y escucha las descripciones de los trabajos.
¿A qué trabajo se refiere cada persona?
Read the advertisements and listen to the descriptions of the jobs.
Which job is each person referring to?

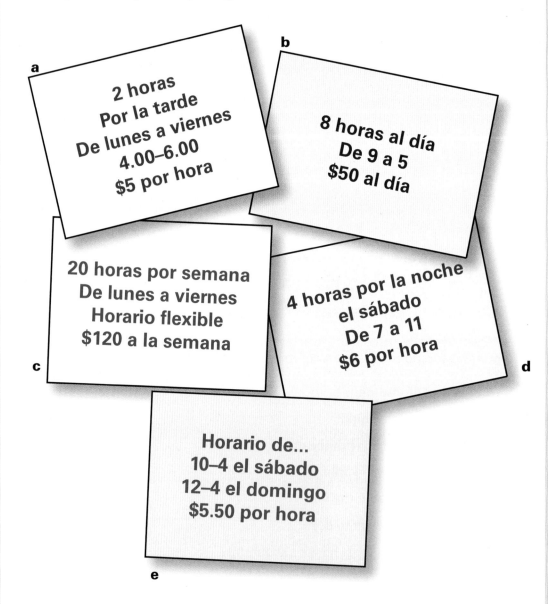

a

2 horas
Por la tarde
De lunes a viernes
4.00–6.00
$5 por hora

b

8 horas al día
De 9 a 5
$50 al día

c

20 horas por semana
De lunes a viernes
Horario flexible
$120 a la semana

d

4 horas por la noche
el sábado
De 7 a 11
$6 por hora

e

Horario de...
10–4 el sábado
12–4 el domingo
$5.50 por hora

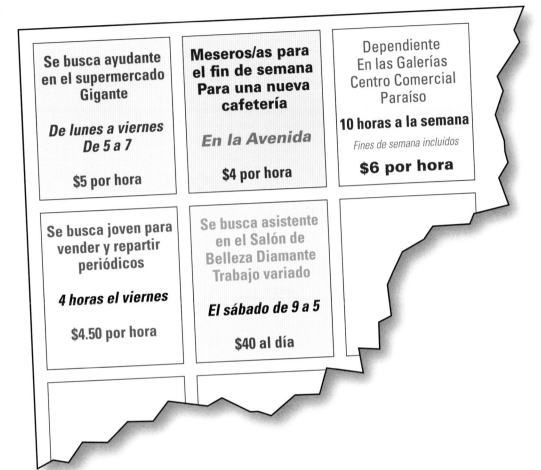

Se busca ayudante en el supermercado Gigante

De lunes a viernes De 5 a 7

$5 por hora

Meseros/as para el fin de semana Para una nueva cafetería

En la Avenida

$4 por hora

Dependiente En las Galerías Centro Comercial Paraíso

10 horas a la semana

Fines de semana incluidos

$6 por hora

Se busca joven para vender y repartir periódicos

4 horas el viernes

$4.50 por hora

Se busca asistente en el Salón de Belleza Diamante Trabajo variado

El sábado de 9 a 5

$40 al día

Elena:	Mira, hay muchos anuncios en el periódico. ¿Te interesa algo?
Marta:	A ver…bueno, mira, mesera. Quiero ser mesera. El pago no es muy bueno, pero la gente te da propinas.
Elena:	Sí, pero el trabajo es duro.
Marta:	Es verdad. Bueno, mira, dependiente en el centro comercial.
Elena:	Pero es bastante rutinario el trabajo.
Marta:	Sí, es verdad, es un poco aburrido. ¿Joven para repartir periódicos? ¿Qué te parece?
Elena:	Es fácil, pero es mal pagado.
Marta:	Bueno, ayudante en el supermercado, entonces.
Elena:	Puede ser interesante, pero difícil a veces.
Marta:	Hm…¡quizás no quiero trabajar!

VOCABULARIO

se busca	*wanted*
el mesero	*waiter*
el pago	*the pay*
el dependiente	*shop assistant*
el joven	*young person*
repartir	*to deliver*
el asistente	*assistant*
el salón de belleza	*beauty salon*
variado/a	*varied*
interesar	*to interest*
duro/a	*hard*
rutinario/a	*routine*

EXPRESIONES ÚTILES

¿qué te parece?	*what do you think?*
puede ser	*it can be, it may be*

Actividad 3

**¿Tienes trabajo? ¿O quieres trabajo? ¿Qué trabajo?
¿Cómo es el trabajo? ¿Cuál es el horario? ¿Y el salario?
Toma turnos con tu pareja para preguntar y contestar.**
*Do you have a job? Or do you want a job? What job? What
is the job like? What is the timetable? And the salary? Take
turns with your classmate to ask and answer.*

¿En qué gastas el dinero?

Actividad 4

¿En qué gastas el dinero? Escucha a los jóvenes que hablan de lo que hacen con el dinero que ganan. Empareja a cada persona con el dibujo apropiado.

What do you spend your money on? Listen to the young people talking about what they do with the money they earn. Pair up each person with the correct picture.

a

b

c

d

e

f

Actividad 5

Por ejemplo:

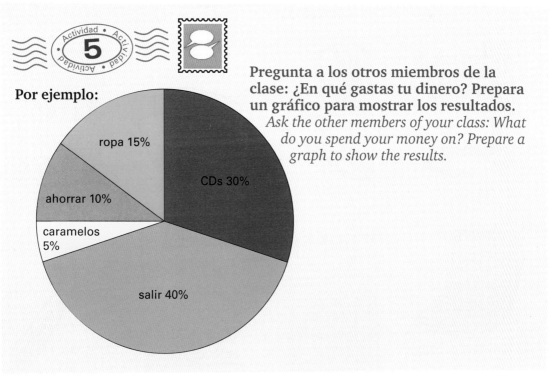

ropa 15%

CDs 30%

ahorrar 10%

caramelos 5%

salir 40%

Pregunta a los otros miembros de la clase: ¿En qué gastas tu dinero? Prepara un gráfico para mostrar los resultados.

Ask the other members of your class: What do you spend your money on? Prepare a graph to show the results.

Las profesiones

Hoy vamos de excursión escolar a la feria del trabajo. Ahí montan una exposición de todas las carreras interesantes.

Mira las profesiones representadas en el póster.

el/la abogado/a

el/la tripulante de cabina de pasajeros y el/la piloto

el/la cantante

el/la carpintero/a

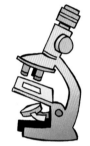

el/la científico/a

el/la cocinero/a

el/la contador/a

el/la deportista

el/la diseñador/a

el/la electricista

el/la enfermero/a

el/la granjero/a

el hombre/la mujer de negocios, el/la comerciante

el/la ingeniero/a

el/la intérprete

el/la mecánico/a

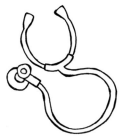

el/la médico/a

el/la modelo

el/la periodista

el/la policía

el/la profesor/a

el/la programador/a

el/la soldado

el/la veterinario/a

No sé dónde empezar.

Gramática

Did you notice that there are some professions in Spanish which have the same form for both masculine and feminine? And that others have a feminine ending or a different form for the feminine?

el/la periodista
el hombre/la mujer de negocios
el diseñador/la diseñadora
el escritor/la escritora

el veterinario/la veterinaria
el/la dibujante
el/la piloto

Track: 87

Unos jóvenes hablan del trabajo.

Eduardo: ¿Qué hace tu padre?

Elena: Es cocinero.

Eduardo: ¿Le gusta?

Elena: Sí, bastante. Es un trabajo interesante y creativo pero las horas son largas.

Alonso: ¿Y tu madre?

Elena: Es policía. Lo bueno es que es muy emocionante, pero lo malo es que puede ser peligroso.

Alonso: Mi hermano quiere ser mecánico. Le encantan los carros y le fascinan los motores. Pero tiene que estudiar un año en el colegio para obtener un diploma.

Elena: Mi hermana quiere ser recepcionista en un hotel. Le gusta mucho la gente. Es una persona simpática y organizada.

Eduardo: Mi amigo quiere ser empleado de banco. Es una persona muy honesta y trabajadora.

Elena: Yo quiero ser periodista. Me gusta escribir y me interesa mucho lo que pasa en el mundo. También quiero viajar al extranjero.

Alonso: Yo quiero ser veterinario. Me gustan mucho los animales y tengo mucha paciencia con ellos.

Eduardo: Quiero viajar al extranjero. Yo quiero estudiar en la universidad en el extranjero.

VOCABULARIO

creativo/a	creative
largo/a	long
lo bueno	the good thing
lo malo	the bad thing
peligroso/a	dangerous
el motor	engine
obtener	to get
el empleado	employee
pasar	to happen

EXPRESIONES ÚTILES

le encanta(n)	he really likes
le fascina(n)	he is fascinated by
me interesa(n)	I am interested in
al extranjero	abroad (going abroad)
en el extranjero	abroad (being abroad)

Gramática

Do you remember the expressions *le fascinan, le encanta, me interesa*? These impersonal expressions are often used in Spanish to express our feelings about things.

Again, note how they are used. They follow the same rules as *gustar* in that they are used mostly in the third person singular or plural, to describe what 'fascinates' or 'interests' us, or what we love.

Me fascina el arte	Art fascinates me/I am fascinated by art
Le fascinan los motores	Engines fascinate him/He is fascinated by engines
Nos interesa el español	Spanish interests us/We are interested in Spanish
Le encanta la comida Mexicana	He loves Mexican food
Me gustan los libros románticos	I like romantic books

Other similar expressions include:

Me molesta(n)…	It/they bother(s) me
Nos fastidia(n)…	It/they annoy(s) us
Le irrita(n)…	It/they irritate(s) him/her/you

Gramática

Study the following: *Es cocinero. Es policía. Quiere ser mecánico.* What do you notice? In Spanish the indefinite article (a/an – *un/una*) is omitted when we talk about professions.

Toma turnos con tu pareja para preguntar y contestar estas preguntas.
Take turns with your classmate to ask and answer these questions.

- ¿Qué hace tu padre? ¿Qué hace tu madre?
- ¿Le gusta? ¿Por qué (no)?
- ¿Qué quieres hacer tú en el futuro? ¿Por qué?
- ¿Qué quiere hacer tu hermano/a después de terminar los estudios? ¿Por qué?
- ¿Qué quiere hacer tu amigo/a? ¿Por qué?

Las cualidades necesarias para el trabajo

Track: 88

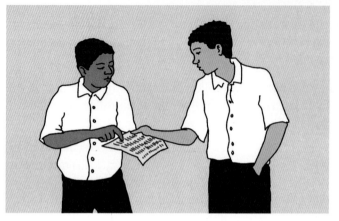

Después de la visita a la feria de trabajo, nos hablan de carreras. Mira, tenemos que hacer este ejercicio de preparación.

Agrupa las características similares. Luego empareja las cualidades con una o más asignaturas escolares y una o más profesiones apropiadas.

trabajador/a	**artístico/a**	**creativo/a**	**práctico/a**
organizado/a	**honesto/a**	**sincero/a**	**simpático/a**
optimista	**alegre**	**curioso/a**	**responsable**
solitario/a	**callado/a**	**sociable**	**paciente**
madrugador/a	**trasnochador/a**	**cortés**	**imaginativo/a**
educado/a	**escrupuloso/a**	**leal**	**justo/a**
imparcial	**activo/a**		

VOCABULARIO

la cualidad	*quality*	callado/a	*quiet*
agrupar	*to group together*	cortés	*polite*
trabajador(a)	*hard-working*	escrupuloso/a	*precise*
práctico/a	*practical*	leal	*loyal*
alegre	*happy*		

Ayuda a los alumnos a agrupar los adjetivos que describen las cualidades necesarias para varias carreras. Luego empareja cada grupo con la(s) asignatura(s) escolar(es) y la(s) profesión(es) más apropiada(s).
Help the pupils to group the adjectives which describe the qualities needed for different careers. Then pair up each group with the most appropriate school subject(s) and profession(s).

Estas personas escriben a una agencia de empleo. Describen sus cualidades y sus gustos. Mira la lista de las profesiones en las páginas 172–173. ¿Qué trabajo les va bien?
These people are writing to an employment agency. They describe their qualities and their likes. Look at the list of professions on pages 172–173. Which job suits them best?

1

Soy muy trabajadora. Me gusta ayudar a la gente si está enferma. Soy simpática y sincera.

2

Me encanta la cocina. Me gusta preparar platos para otras personas.

3

Estoy a favor de la justicia en el mundo. Quiero trabajar por la justicia para todo el mundo.

4

Soy una persona artística. Me interesa crear cosas nuevas.

5

Me gusta el español. Me fascina la traducción de español al inglés.

6

Me interesan mucho las computadoras. Me encanta trabajar con la computadora todo el día.

Imagina que eres Felipe. Una amiga te escribe. Responde a la carta hablando de lo que quieres hacer de profesión.
Imagine you are Felipe. A friend writes to you. Answer the letter saying what you want to do as a profession.

¡Hola Felipe!

Hay una feria de trabajo en la sala de exposiciones. Es muy interesante.
Varios profesionales nos hablan de su trabajo. Me interesan las ciencias
y la tecnología. Y también soy curiosa.
Quiero ser ingeniera. ¿Qué quieres ser tú? ¿Y por qué?

Contéstame pronto

Un abrazo de tu amiga,
Marisol

Unas cartas

Responde en español.

1 You write a letter to your friend in Colombia, in which you tell him about your new job and what you are going to do with the money you earn.

2 A Mexican friend writes to you. She has to fill in a careers form saying what she is like as a person and which job would suit her particular qualities. She asks you to help. Write to tell her what sort of characteristics she has, and suggest a profession for her (*¿Por qué no una. . .?*).

Completa el formulario para un puesto de trabajo.
Complete this job application form.

SOLICITUD DE EMPLEO

Nombre _____

Dirección _____

Teléfono _____

Fecha de nacimiento _____ Edad _____

Posición solicitada _____

Experiencia y cualidades para la posición _____

_____

_____

Educación

1			
2			
3			
4			

Intereses _____

Nombre de a quién se puede acudir para pedir una
referencia _____

Nota Cultural

Jornaleros are workers who do a job for a day and get paid for that day – 'day labourers'. In the south of Spain, in the region of Andalucía, *jornaleros* were contracted to work on the large estates, as and when they were needed. *Jornaleros* can also be seen in Central and South America, gathered together waiting for the potential employer to come along and hire them. It is a system which can lead to the exploitation of the workers, and is not one which allows them any rights.

Tracks: 89-92

1 Escucha y empareja cada afirmación con el dibujo apropiado.
Listen and pair up each statement with the correct picture.

a

b

c

d

e

f

2 Escucha a Felipe que habla con su madre. Escoge la respuesta correcta a cada pregunta 1–6.
Listen to Felipe talking to his mother. Choose the correct answer to each question 1–6.

1 ¿Qué quiere hacer Andrés?
  a Quiere comer.
  b Quiere ir al cine.
  c Quiere ir a la cafetería.

2 ¿Qué quiere hacer Martín?
  a Quiere ir al cine.
  b Quiere jugar al fútbol.
  c Quiere ver el fútbol en la televisión.

3 ¿Qué quiere hacer Jorge?
  a Quiere ir a la cafetería.
  b Quiere escuchar música en casa.
  c Quiere jugar al béisbol.

4 ¿Qué quiere hacer Santi?
  a Quiere comer.
  b Quiere estudiar.
  c Quiere escuchar música en casa.

5 ¿Qué quiere hacer Felipe?
  a Quiere estudiar.
  b Quiere ver el béisbol.
  c Quiere jugar al béisbol.

6 ¿Qué necesita hacer Felipe?
  a Necesita ir al cine.
  b Necesita comer.
  c Necesita estudiar.

3 Los jóvenes no quieren hacer educación física e inventan excusas.
Escucha e identifica la parte del cuerpo **a–i** que menciona cada
alumno. ¡Cuidado! Sobran letras.
The young people don't want to do PE and invent excuses.
Listen and identify which part of the body a–i each pupil mentions.
Be careful! There are letters to spare.

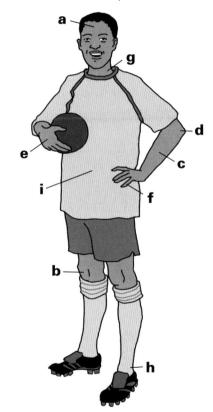

4 Escucha a las personas que hablan de sus posibles carreras futuras,
y por qué quieren seguir esta carrera. Apunta en inglés qué carrera
y la razón para cada persona.
Listen to the people who are talking about their possible future
careers, and why they want to follow this career. Note down in
English which career and the reason for each person.

B

1 Prepara un discurso donde hablas sobre cinco cosas que te gusta hacer en tus ratos libres y da razones.
Prepare a talk in which you speak about five things that you like to do in your free time and give reasons.

2 Toma turnos con tu compañero/a. Pregunta qué tiempo hace y apunta la respuesta. El/la compañero/a A trabaja en esta página y el/la compañero/a B trabaja en la página 184.
Take turns with your classmate. Ask what the weather is like and note down the reply. Classmate A works on this page and classmate B works on page 184.

Por ejemplo:

¿Qué tiempo hace?

Hay niebla.

Classmate A asks: ¿Qué tiempo hace?
Classmate A then answers to question from classmate B:

¿Qué tiempo hace?	
a	**c**
b	**d**

3 ¿Qué necesitan? Responde a estas personas diciendo qué necesitan.
What do they need? Respond to these people saying what they need.

Por ejemplo:

Me duele la cabeza.

Tienes que tomar una aspirina.

1 Tengo hambre.
2 Tengo frío.
3 Tengo gripe.
4 Tengo la pierna rota.

C

1 Empareja cada situación con la respuesta adecuada.
Pair up each situation with the correct response.

1 Tengo sueño.
2 Tengo calor.
3 Hace frío.
4 Teresa tiene hambre.
5 Matilde y Jaime
tienen sed.
6 Llueve.

a Necesita comer.
b Tengo que ir a la cama.
c Debemos entrar en casa.
d Quiero comer un helado.
e Necesitan beber algo.
f Necesito tomar un
chocolate caliente.

D

1 Responde al correo electrónico de Alicia.
Reply to Alicia's email.

Enviar   Dirección   Ortografía   Adjuntar   Seguridad   Guardar

¡Hola Beatriz!

¿Qué tal? Yo estoy bien.

Esta tarde voy al cine. Voy a ver la última película de Brad Pitt.
Me encanta Brad Pitt, y también me gustan mucho sus películas.
Son emocionantes y divertidas. ¿Qué tipo de películas te gusta?

¿Te gusta la música pop? A mí no me gusta nada. Es aburrida.
Prefiero la música jazz. Es más interesante y tiene más ritmo.
¿Qué música te gusta a ti?

Bueno, nada más por hoy. Cuéntame lo que haces hoy.

Un abrazo,
Alicia

2 Tu hermano menor te manda un
mensaje de texto. ¿Qué solución
propones? ¿Qué necesita hacer?
*Your younger brother sends you a
text message. He says he is hot and
has a headache. What solution do you
propose? What does he need to do?*

Me duele la cabeza y tengo calor. ¿Qué necesito hacer?

Unit 3, Activity 2 on page 35

Classmate B question to ask classmate A: ¿Qué clases hay el lunes/ martes... etc.?

Classmate B answers to questions from classmate A:

lunes	martes	miércoles	jueves	viernes
geografía	f	informática	geografía	matemáticas
matemáticas	historia	química	historia	j
español	matemáticas	teatro	h	educación física
biología	inglés	inglés	i	religión
inglés	g	física	español	teatro

Unit 9, Activity 5 on page 129

Classmate B

	Canal Oro	Canal Plus
8.00		Telenovela – El paraíso del amor
9.00	Noticias	
9.30	Documental sobre los mayas	
10.00		Drama médico
11.00		Últimas noticias

Prueba 3, Unidades 9–12, Activity B2 on page 182

Classmate B asks: ¿Qué tiempo hace?

Classmate B then answers to question from classmate A:

¿Qué tiempo hace?	
1 35°C	3
2 10°C	4

La Gramática

GLOSSARY OF GRAMMATICAL TERMS

NOUNS	are names of people or things, such as 'pencil sharpener': *sacapuntas*, 'ruler': *regla*, 'desk': *pupitre*, 'female teacher': *profesora*.
ADJECTIVES	are words which describe the noun, such as 'small': *pequeño*, 'clever': *inteligente*.
PREPOSITIONS	are small words usually placed before a noun to express its position or importance relative to something else.
VERBS	are words which describe an action, 'doing' words, such as 'have': *tener*, 'live': *vivir*.
PRONOUNS	are words which stand in place of nouns, for example he (*él*) or she (*ella*) instead of *Pedro* or *María*, when they are the subject of the verb.

Nouns

In Spanish, nouns, or the names of things, are divided into two groups, masculine nouns and feminine nouns.

Each noun is preceded by a little word: *el/la* or *los/las*. This word stands for 'the' and it changes according to whether the word is masculine or feminine, singular or plural.

Most words ending in -*o* are masculine, and use the word *el* for 'the'. For example: *el recreo, el libro*.
Most words ending in -*a* are feminine, and use the word *la* for 'the'. For example: *la puerta, la pizarra*.
There are, however, exceptions to this rule, for example: *el mapa, la mano*.

Plurals generally end in -*os* or -*as*, depending on whether the word is masculine or feminine. Those words that end in -*e*, add an -*s* in the plural, for example: *el cine / los cines*. Words that end in a consonant add -*es*, for example: *la ciudad / las ciudades*.

The word for 'a', 'an' or 'some' also changes according to whether the noun is masculine, feminine, singular or plural. For example: *un profesor, una profesora, unos alumnos, unas alumnas*.

Note that in Spanish all days of the week and months of the year begin with a common letter, not a capital letter. When the day and date are said together, it is written as follows:
martes, tres de mayo.
The way to say 'on Monday' is *el lunes*.

Adjectives

A word which describes a noun is called an adjective. In Spanish, the endings on adjectives change according to whether the person or thing being described is masculine or feminine. For example, for an adjective ending in -o: *Bob Marley es jamaicano*; *Veronica Campbell es jamaicana*.

If the adjective ends in any other vowel, it remains the same in the feminine form. For example: *Bob Dylan es estadounidense*; *Venus Williams es estadounidense*.

If the adjective ends in a consonant, an -a is added. For example: *Mi padre es trabajador y mi madre es trabajadora también.*

When talking about more than one person, the adjectives need to be made plural too. This is done by adding -s if it ends in a vowel, or -es if it ends in a consonant. For example:
boliviano – bolivianos
jamaicana – jamaicanas
canadiense – canadienses
española – españolas
But:
español – españoles
guyanés – guyaneses

Note that with an all masculine group of people or things, the ending on the adjective that describes them is masculine plural. With an all feminine group, the ending is feminine plural. However, when the group is mixed, including both masculine and feminine, the ending is masculine plural. For example: *Miguel y Antonio son jamaicanos*; *María y Ana son jamaicanas*; but: *Miguel y Ana son jamaicanos.*

Position of adjectives

Most adjectives go after the noun to which they refer. Some go before if the meaning they convey is implicit in the word, for example: *las bonitas flores.*

Sometimes, if an adjective is placed before the noun, this changes the meaning of the adjective. For example, *grande* before the noun means 'great', whereas after the noun it means 'big'.

Apocopation

Some adjectives, and some ordinal numbers, shorten in form if placed before a masculine singular noun. These include the following:

malo – un mal día	a bad day
bueno – un buen libro	a good book
primero – el primer momento	the first moment
tercero – el tercer capítulo	the third chapter
grande – un gran hombre	a great man

Demonstrative adjectives

These words show which, of a group of things or people, we are talking about:

este libro	this book
ese día	that day
aquellos hombres	those men (over there)

As with all adjectives, they must agree with the noun to which they refer:

este/esta, estos/estas	this, these
ese/esa, esos/esas	that, those
aquel/aquella, aquellos/aquellas	that (over there), those (over there)

Possessive adjectives

These words describe who owns something. They behave in the same way as other adjectives and need to agree in number and gender with the noun to which they refer. (Note that they agree with the item possessed and not the possessor.)

mi, mis	my
tu, tus	your (singular, informal)
su, sus	his, her, their, your (polite singular, and plural)
nuestro/a, nuestros/as	our

Comparatives and superlatives

If we want to compare things, we refer to their qualities and use adjectives to do so. To say that something is 'more...' or 'less...' than something else, we use the constructions *más...que* or *menos...que*. For example:

Mi casa es más moderna que la tuya.
My house is more modern than yours.

If we want to compare things with similar qualities we use *tan...como*. For example:
Mi casa es tan moderna como la tuya.
My house is as modern as yours.

Pronouns

These are the words which stand instead of nouns. There are several types of pronouns.

Subject pronouns

These are only used for emphasis, or to clarify and avoid ambiguity. For example:
Yo *prefiero baloncesto, pero* **él** *prefiere fútbol.*

They are as follows:

yo	I
tú	you (singular familiar)
él	he, it
ella	she, it
usted	you (polite singular)
nosotros/as	we
ellos	they
ellas	they (feminine only)
ustedes	you (polite plural)

Demonstrative pronouns

These are used to express which one of several we are referring to, without using the name of the thing to which we are referring. They must agree in number and gender with the noun to which they refer.

este/esta, estos/estas	this, these (ones)
ese/esa, esos/esas	that, those (ones)
aquel/aquella, aquellos/aquellas	that one, those (ones) over there

¿Te gusta esta casa? No, prefiero aquella.
Do you like this house? No, I prefer that one over there.

Possessive pronouns

These are the words which stand for 'mine' or 'yours' and express ownership. As with demonstrative pronouns, they must agree in number and gender with the noun to which they refer.

| el mío/la mía, los míos/las mías | mine |
| el tuyo/la tuya, los tuyos/las tuyas | yours |

el suyo/la suya, los
  suyos/las suyas   his/her/its/
                           their, your
                           (formal and
                           plural)

el nuestro/la nuestra,   our
  los nuestros/
  las nuestras

¿Es el libro de Juan? No, es el mío.
Is it Juan's book? No, it is mine.

¿Son las hermanas de Federico? Sí, son
  las suyas.
Are they Federico's sisters? Yes, they
  are his.

Interrogative pronouns
These are words which ask for different
types of information in a question.

¿dónde?	where?
¿qué?	what?
¿quién?	who?
¿cuándo?	when?
¿cuánto/a/os/as?	how many?
¿por qué?	why?
¿cuál?	which?
¿a qué hora?	at what time?
¿cómo?	how?

Prepositions of place

Many of the words or phrases that
describe the position of something require
the word *de* after them, when the position
is relative to something else.
For example: *La ventana está enfrente*; but:
La ventana está enfrente **de la** *mesa.*

When *de* is followed by *la*, *los* or *las*
it remains the same. But when it is
followed by *el* it changes: *de + el = del*.
For example: *enfrente* **de la** *ventana*; but:
enfrente **del** *pupitre*.

Also note the difference between **en** *el*
norte de and **al** *norte de*. **En** *el norte de*
means 'in the north of…', whereas **al** *norte*
de means 'to the north of…'. For example:
Cuba está **en el** *norte del Caribe,* **al** *norte*
de Jamaica.

Verbs

Verbs are the words which describe the
action: the 'doing' words.

As mentioned above, you will have noticed
that subject pronouns are not always used
in Spanish. These are the words for 'I',
'you', 'he/she/it', 'we', 'they'. In Spanish
they are only used for emphasis, to avoid
ambiguity or confusion, and in phrases
such as *¿Y tú?*

yo	I	*Juan vive en España.* **Yo** *vivo en México.*
tú	you	*¿Qué tal? Bien, ¿y tú?*
usted	you (polite)	*¿Cómo se llama usted?*
él	he	
ella	she	
nosotros/as	we	
ellos/ellas	they	
ustedes	you (plural)	*¿Cómo se llaman ustedes?*

The rest of the time they are understood
thanks to the ending of the verbs. For
example: *vivo en Trinidad* can only mean
'I live in Trinidad', because the ending of
vivo tells us so.

Regular verbs

There are three main groups of verbs in Spanish, which are made up of verbs with the same ending: *-ar, -er* and *-ir*.
Being regular verbs, they all follow the same pattern in their endings depending on the group they belong to.

-ar verbs

Some common *-ar* verbs include:

bailar	to dance
caminar	to walk
cantar	to sing
cenar	to have supper
cocinar	to cook
comprar	to buy
dibujar	to draw
entrar	to enter
escuchar	to listen (to)
ganar	to win
gritar	to shout
hablar	to speak
lavar	to wash
limpiar	to clean
llegar	to arrive
llevar	to carry
mirar	to look (at)
nadar	to swim
necesitar	to need
peinar	to comb
pintar	to paint
planchar	to iron
preparar	to prepare
reparar	to repair
sacar	to take out (also *sacar fotos* – to take photos)
terminar	to finish
tocar	to touch, play (an instrument)
trabajar	to work
viajar	to travel
visitar	to visit

-ar verbs change in the following pattern in the present tense
(take off the *-ar* ending and add the following endings):

yo	-o	*hablo*
tú	-as	*terminas*
él/ella/usted	-a	*pinta*
nosotros/as	-amos	*compramos*
ellos/ellas/ustedes	-en	*bailan*

-er verbs

Some common *-er* verbs include:

aprender	to learn
beber	to drink
comer	to eat
comprender	to understand
correr	to run
creer	to believe
leer	to read
responder	to respond, reply
romper	to break
vender	to sell

-er verbs change in the following pattern in the present tense
(take off the *-er* ending and add the following endings):

yo	-o	*bebo*
tú	-es	*comes*
él/ella/usted	-e	*aprende*
nosotros/as	-emos	*vendemos*
ellos/ellas/ustedes	-en	*leen*

-ir verbs

Some common *-ir* verbs include:

abrir	to open
asistir	to attend
cubrir	to cover
escribir	to write
subir	to go up
vivir	to live

-ir verbs change in the following pattern in the present tense (take off the -ir ending and add the following endings):

yo	-o	vivo
tú	-es	subes
él/ella/usted	-e	abre
nosotros/as	-imos	vivimos
ellos/ellas/ustedes	-en	escriben

Radical-changing or stem-changing verbs

The following verbs follow the rules for regular verbs as far as endings go, but have a change in the stem of the verb in each part of the present tense (except the *nosotros* form).

e → ie
For example *empezar*:

yo	empiezo
tú	empiezas
él/ella/usted	empieza
nosotros/as	empezamos
ellos/ellas/ustedes	empiezan

cerrar (to close)
  ¿Cierras la ventana?   Can you close the window?
comenzar (to begin)
  comienza   it begins
despertarse (to wake up)
  te despiertas   you wake up
divertirse (to enjoy oneself)
  se divierte   she enjoys herself
empezar (to begin)
  empezamos   we begin
entender (to understand)
  ¿entiendes?   do you understand?

fregar (to wash up)
  friego   I wash up
preferir (to prefer)
  prefiero el español   I prefer Spanish
querer (to wish, want)
  quieren   they want
sentir (lo) (to feel/be sorry)
  lo siento   I am sorry

o → ue
For example *dormir*:

yo	duermo
tú	duermes
él/ella/usted	duerme
nosotros/as	dormimos
ellos/ellas/ustedes	duermen

acostarse (to go to bed)
  te acuestas   you go to bed
almorzar (to have lunch)
  almuerzan   they have lunch
dormir (to sleep)
  duerme   he sleeps
encontrar (to find)
  encuentras   you find
llover (to rain)
  llueve   it rains
poder (to be able)
  puedo   I can
probar (to prove, try)
  prueba   he proves
volver (to go back)
  volvemos   we go back

e → i
For example *pedir*:

yo	pido
tú	pides
él/ella/usted	pide
nosotros/as	pedimos
ellos/ellas/ustedes	piden

vestirse (to get dressed)
  me visto   I get dressed

u → ue	
For example *jugar*:	
yo	*juego*
tú	*juegas*
él/ella/usted	*juega*
nosotros/as	*jugamos*
ellos/ellas/ustedes	*juegan*

jugar (to play)
  jugamos   we play

Present continuous tense

This tense is used to describe an action which is happening at the time of speaking, for example: 'I am eating my supper whilst I watch the television'.

It is formed using the correct part of the verb *estar* and the present participle, which does not change.

The present participle is formed by taking the stem of the infinitive and adding -ando for -ar verbs, -iendo for -er and -ir verbs.

Estoy hablando.   I am talking.
Están escribiendo   They are writing
  cartas.   letters.

Ir a plus the infinitive

If we want to express the future in Spanish, a simple construction we can use is a part of *ir* + *a* + the infinitive. For example:

Voy a ir al cine.
I am going to go to the cinema.
¿Qué tiempo va a hacer?
What is the weather going to be like?
Va a llover.
It is going to rain.

Reflexive verbs

Some of the most useful verbs you will need are called reflexive verbs. They are used to express an action done to or for oneself, for example to bathe, to brush one's hair.

They are easily recognisable in the infinitive form by the reflexive pronoun *se* on the end of the infinitive.

These verbs are conjugated normally, but each part always has its own reflexive pronoun before the verb in the present tense. These are: *me, te, se, nos* and *se*.

Here is how a reflexive verb is formed in the present tense. *Llamarse* (to be called) is one of the most common reflexive verbs.

me llamo   *Me llamo Juan Carlos.*
                My name is Juan Carlos.
te llamas   *¿Cómo te llamas?*
                What is your name?
se llama   *Mi compañero se llama Pepe.*
                My friend is called Pepe.
                ¿Cómo se llama usted?
                What is your name?

nos llamamos (we)
                Nos llamamos Mili
                 y Pili.
                We are called Mili
                 and Pili.
se llaman   *Se llaman Lepe y Pepe.*
                They are called Lepe
                 and Pepe.
                ¿Cómo se llaman ustedes?
                What are your names?

Some other examples:
me lavo   I wash (myself)
te levantas   you get up
se acuesta   he goes to bed

nos vestimos	we get dressed
se preparan	they get ready

As you will see, many reflexive verbs are used to describe our daily routine. Some of the more common ones are the following:

acostarse	to go to bed
arreglarse	to get ready
bañarse	to bathe
despertarse	to wake up
ducharse	to have a shower
lavarse	to wash oneself
lavarse los dientes	to clean one's teeth
levantarse	to get up
maquillarse	to put on make-up
peinarse	to comb one's hair
prepararse	to prepare oneself
vestirse	to get dressed

Note that when a reflexive verb is used in the infinitive, the pronoun on the end of it changes according to the subject of the main verb, for example:
Tengo que levantarme.
Vamos a despertarnos a las siete.

Irregular verbs
Some verbs have irregularities in some of their forms in the present tense, and these must be learnt.

decir (to say, tell)	*digo, dices, dice, decimos, dicen*
estar (to be)	*estoy, estás, está, estamos, están*
hacer (to do, make)	*hago, haces, hace, hacemos, hacen*
ir (to go)	*voy, vas, va, vamos, van*
poner (to put)	*pongo, pones, pone, ponemos, ponen*
salir (to go out)	*salgo, sales, sale, salimos, salen*
ser (to be)	*soy, eres, es, somos, son*
tener (to have)	*tengo, tienes, tiene, tenemos, tienen*

Special uses of some of the irregular verbs
Tener… años – to be… years old, to have …eyes, …colour hair, etc.

tengo	*Tengo trece años.*
tienes	*¿Cuántos años tienes?*
tiene	*Pepe tiene los ojos azules.*
	¿Cuántos años tiene usted?
tenemos (we)	*Tenemos once años.*
tienen	*Mili y Pili tienen el pelo negro.*
	¿Cuántos años tienen ustedes?

Tener is also used in expressions to say if you feel hot, cold, thirsty or hungry. For example: *tengo calor* (I'm hot), *¿tienes sed?* (are you thirsty?).

Ser (to be)

soy	*Soy Miguel.*
eres	*¿De qué nacionalidad eres?*
	¿Eres chileno o argentino?
es	*¿De qué nacionalidad es usted?*
	Mi compañera es jamaicana.
somos	*Somos cubanos.*
son	*¿De qué nacionalidad son ustedes?*
	Los delegados son latinoamericanos.

The verb *ser* is also used to tell the time in Spanish. For example: *Son las seis.*
Son las nueve; but note: **Es la una**: it is 1 o'clock. *Es* is used because 'one o'clock' (*la una*) is singular.

To say at what time we do something, we need to use *a la(s)*… For example: *Hay clase de matemáticas **a las** ocho y media el lunes.*

Estar (to be)

We have also met another verb which means 'to be', the verb *estar*.

estoy	*Estoy bien, gracias*
estás	*¿Qué tal estás? ¿Cómo estás?*
está	
estamos	
están	

The verb *estar* is used to express an emotion or state which is not permanent, or to describe where something is located.

Gustar

In Spanish, the constructions *me gusta* or *me gustan* are used to say what pleases us/what we like. For example: *me gusta el español, me gustan las matemáticas.*
Me gusta is used to talk about only one thing that pleases us. *Me gustan* is used when more than one thing pleases us (i.e. when the thing we like is plural).

When we are talking about more than one person who likes something, it is the first pronoun which changes, as follows:

me gusta(n)	I like
te gusta(n)	you like
le gusta(n)	he/she likes (also the polite form of 'you like')
nos gusta(n)	we like
les gusta(n)	they like (also 'you like' if 'you' is referring to several people)

When we want to specify who it is who (dis)likes something, we need to add their name: *A Raúl le gusta la historia. A Paula no le gusta el arte.*

Commands

There are two forms of the command in Spanish, the polite and the familiar form, used depending on whom one is addressing.

The regular familiar form, used when addressing a friend or family member or a person of your own age in the singular, is formed from the 2nd person of the present tense, minus the -*s*. For example:

escuchar	→	*tú escuchas*	→ *escucha*
hablar	→	*tú hablas*	→ *habla*
beber	→	*tú bebes*	→ *bebe*
comer	→	*tú comes*	→ *come*

The polite command is formed from the stem of the 1st person singular of the present tense, with -*e* added for -*ar* verbs, and -*a* for -*er* and -*ir* verbs. For example:

escuchar	→	*yo escucho*	→ *escuche*
hablar	→	*yo hablo*	→ *hable*
beber	→	*yo bebo*	→ *beba*
comer	→	*yo como*	→ *coma*

To make a plural command, for addressing more than one person, add -*n* to the polite singular command. For example: *escuchen, hablen, beban, coman.*

There are some irregular commands. Some common familiar ones include:

haz	do (familiar)
pon	put
di	say
sal	go out

Reflexive commands

Reflexive commands are formed in much the same way as ordinary commands, except that the reflexive pronoun is placed at the end of the command: *¡levántate! ¡acuéstate! ¡diviértete!*

By adding the pronoun, another syllable is added to the word, which would change the stress pattern of the word if a written accent were not put on the originally stressed syllable.

Negatives

To make a sentence negative in Spanish, we need to put *no* before the verb. For example: *Julia no tiene el pelo rubio, tiene el pelo castaño. No es Julia.*

If we wish to make a strong statement about something we don't like, we add *nada*. For example:
No me gusta nada la geografía.
   I don't like geography at all.

There are several other negative words which are used to add emphasis.
*No tengo **ningún*** amigo.*
   I have no friends.
*No tengo **nada** que hacer.*
   I have nothing to do.
*No salgo **nunca**.*
   I never go out.
*No me ayudan **ni** mis padres, **ni** mi hermana.*
   Neither my parents nor my sister help me.

In some cases the negative word goes before the verb: *Nadie habla conmigo* which gives emphasis to the expression. We could otherwise say *No me habla nadie. Nobody speaks to me.*

*As an adjective, *ninguno* (and *alguno*, which means 'some') must agree with the noun to which it refers. When used before a masculine singular noun, *ninguno* shortens to *ningún,* as in *No tengo ningún libro de historia.* And *alguno* shortens to *algún,* as in *Algún día voy a ser rico.*

Note also that in English we can say 'María doesn't have any friends', but in Spanish we do not use the plural. We say *María no tiene ningún amigo.*

Finally, remember *tampoco*, which means 'neither'.
Él no quiere bailar, ni yo tampoco.
   He doesn't want to dance, and neither do I.

Adverbs of frequency

These include:

siempre	always
muchas veces/a menudo	often
normalmente	normally
raras/pocas veces	rarely

Por and para

Para and *por* in Spanish both mean 'for' but are used in different ways.

Para is used:
- to express destination: *Voy para Madrid. El tren sale para Taxco.*
- to show the date or time by which something should be done: *Hago la tarea para mañana.*
- to show purpose or use: *es para cocinar*
- to show that it is intended for someone: *es para mi amigo*
- to show a goal or intention: *para ser médico.*

Por is used:
- to show the means by which something happens: *por avión, por teléfono*
- to show the duration of time: *voy a estar aquí por cinco días*
- to express motion through a place: *andar por las calles*
- to express exchange: *compro el libro por $10*
- to show cause or reason: *gracias por el regalo*

Vocabulario

Español – Inglés

A

	a eso de	at about
	a menudo	often
	a veces	sometimes
	abajo	downstairs
	abierto/a	open
la	abogada f	(female) lawyer
el	abogado m	(male) lawyer
	abrir	to open
	aburrido/a	boring
	aburrirse	to get bored
	acostarse (o→ue)	to go to bed
	actual	present, current
	además	besides
	aficionado/a a	a fan of
las	afueras fpl	outskirts, suburbs
el	agente de mudanzas m	removal man
	agotado/a	exhausted
	agrícola	agricultural
	agrupar	to group together
	ahí	there
	ahorrar	to save
el	ajedrez m	chess
la	aldea f	village
	alegre	happy
la	alfombra f	rug
	algunos	some
	alquilar	to hire
	alrededor	around
	ancho/a	wide
el	año escolar m	school year
	antipático/a	unpleasant
el	anuncio m	advertisement
el	aparato de música m	music centre
el	apartamento m	flat, apartment
	aparte	separate
	aprender	to learn
	aquel	that (over there)
el	árbol m	tree
el	armario m	cupboard, wardrobe
	arreglar	to tidy
	arreglarse	to get ready
	arriba	upstairs
el	arte m	art
el	asistente m	assistant
la	aspiradora f	vacuum cleaner
el	auditorio m	assembly hall
el	aula f	classroom
el	autobús m	bus
	ayudar	to help
te	ayudo	I'll help you
el	ayuntamiento m	town hall
la	azafata f	air hostess

B

	bailar	to dance
el	balcón m	balcony
	bañarse	to bathe
	barrer	to sweep
el	barrio m	neighbourhood
la	basura f	garbage
la	batería f	drums
la	biblioteca f	library
en	bicicleta	by bicycle
	bien	well
	bienvenido/a	welcome
la	biología f	biology
	bonito/a	pretty, attractive
el	brazo m	arm
lo	bueno	the good thing
los	buenos propósitos mpl	resolutions
	buscar	to look for
la	butaca f	armchair

C

la	cabeza f	head
	cada	each
	cada día	each/every day
	cada uno	each one
la	cadena f	(TV) channel
	callado/a	quiet
la	cama f	bed
la	cama de matrimonio f	double bed
la	cama individual f	single bed
el	cambio m	change
la	camiseta f	T-shirt
la	campaña f	campaign
el	campeonato m	championship
el	campo m	field
el	canal m	(TV) channel
la	cancha f	court, pitch
	cansado/a	tired
el	cantante m	singer
	cantar	to sing
	cariño	dear

la	carnicería f	butcher's shop
	caro/a	expensive
la	carrera f	career; race
en	carro	by car
la	carta f	letter, card
la	casa adosada f	semi-detached house
	casi	almost
el	casillero m	locker
el	celular m	cell phone
	céntrico/a	central
el	césped m	lawn
	charlar	to chat
las	ciencias fpl	science
la	científica f	(female) scientist
el	científico m	(male) scientist
	claro	of course
el	cliente m	customer
la	cocina f	kitchen, cookery
la	cocina de gas f	gas cooker
la	cocinera f	(female) chef
el	cocinero m	(male) chef
el	colegio público m	state-run school
	colonial	colonial
el	comedor m	dining room
el	comerciante m	businessman
la	comisaría f	police station
la	computadora f	computer
la	comunidad f	local area
	con carácter	full of character
el	concurso m	competition, game show
	conmigo	with me
	conocer	to (get to) know
	construir	to build
el	contable m	accountant
la	contabilidad f	accounting
	contaminado/a	polluted
	conversar sobre	to discuss
el	coro m	choir
el	correo electrónico m	email
	correr	to run
	cortar	to cut
	cortés	polite
la	cosa f	thing
la	costa f	coast
	creativo/a	creative
la	cualidad f	quality
	cuarto/a	fourth
el	cuarto de baño m	bathroom
	cubierto/a	covered
el	cuerpo m	body
	cuidar	to look after

D

	dar	to give
	dar un paseo	to go for a walk
	dar una vuelta	to go for a trip around
	data de	(it) dates from
	datar	to date
	de acuerdo	OK
	de ciencia-ficción	science-fiction
	de la mañana	in the morning
	de la noche	in the evening, at night
	de la tarde	in the afternoon
	de vez en cuando	from time to time
	deber	(to) ought to, must
los	deberes mpl	homework
	débil	weak
	decir	to say
	dejar	to leave
	dejar de hacer	to stop doing
	décimo/a	tenth
	demasiado/a/os/as	too much/many
el	dependiente m	shop assistant
el	deporte m	sport, PE
el	deportista m	sportsperson
	desayunar	to have breakfast
	desde	since
el	desorden m	muddle, mess
el	despertador m	alarm clock
	despertarse (e→ie)	to wake up
	después de	after
el	detalle m	detail
el	dibujo m	picture
los	dibujos animados mpl	cartoons
	difícil	difficult
el	dinero m	money
la	directora f	headmistress
el	disco compacto m	CD
el	diseñador m	(male) designer
la	diseñadora f	(female) designer
	distinto/a	different
la	diversión f	entertainment
	divertido/a	entertaining, fun
	divertirse (e→ie)	to enjoy oneself
	dividir	to divide
el	documental m	documentary
	doler (o→ue)	to hurt
	dormir (o→ue)	to sleep
el	dormitorio m	bedroom
	dos veces al mes	twice a month
	durante	for, during
	duro/a	hard

E

	ecológico/a	environmentally friendly
la	economía f	economy
la	edad f	age
el	edificio m	building
la	educación familiar f	family life education
	educativo/a	educational
los	ejercicios de calentamiento mpl	warm-up exercises
el	electricista m	electrician
	emocionante	exciting
	empezar (e→ie)	to begin
el	empleado m	employee
el	empleo m	job
le	encanta(n)	he/she really likes
	encantador(a)	delightful
	en pleno centro	right in the middle
	en punto	on the dot
	en seguida	straight away
	en serio	seriously
la	enfermera f	(female) nurse
el	enfermero m	(male) nurse
la	ensalada f	salad
la	enseñanza f	teaching
	entrenarse	to train
	entre semana	on weekdays
el	entrenador m	trainer
el	entrenamiento m	training
	enviar	to send
la	época f	period, time
el	equipo m	team
la	escalera f	stairs
	escoger	to choose
	escribir	to write
	escrupuloso/a	precise
	ese	that
el	espacio m	space
la	espalda f	back
el	español m	Spanish
una	especie f	a kind, type
el	espejo m	mirror
	está nublado	it is cloudy
el	estacionamiento m	parking
la	estantería f	shelves
	este	this
el	este m	east
	estricto/a	strict
los	estudios sociales mpl	social studies
la	estufa f	stove
	explicar	to explain

al	extranjero	(going) abroad
en el	extranjero	(being) abroad

F

	fácil	easy
le	fascina(n)	he is fascinated by
	felicitaciones	congratulations
la	fiebre f	fever, temperature
la	física f	physics
estar	flojo/a en	to be weak in
al	fondo	at the back
en	forma	on form, in shape
el	francés m	French
el	fregadero m	sink
	fregar (e→ie) los platos	to do the washing up
la	frutería f	greengrocer's, fuit shop
estar	fuerte en	to be good at
	funcionar	to work

G

	ganar	to win, earn
el	garaje m	garage
	gastar	to spend
la	gaveta f	drawer
la	geografía f	geography
el	gerente m	manager
el	gimnasio m	gymnasium
	gracioso/a	funny
el	granjero m	farmer
la	gripe f	flu
	gritar	to shout
el	guía m	guide
	guiado/a	guided

H

la	habitación f	room
el	habitante m	inhabitant
el	hábito m	habit
	hace buen tiempo	the weather is good
	hace calor	it is hot
	hace frío	it is cold
	hace mal tiempo	the weather is bad
	hace sol	it is sunny
	hace viento	it is windy
	hecho/a un desastre	in a mess
la	historia f	history
la	historieta f	comic (book)
el	holandés m	Dutch

el	hombre de negocios m	*businessman*

I

el	idioma m	*language*
la	iglesia f	*church*
la	imagen f	*image*
lo	importante	*the important thing*
	impresionante	*impressive*
	inaugurar	*to inaugurate*
la	industria f	*industry*
	infantil	*childish*
la	informática f	*computing, IT*
el	ingeniero m	*engineer*
el	inglés m	*English*
las	instalaciones fpl	*facilities*
el	intercambio m	*exchange*
me	interesa(n)	*I am interested in*
	interesar	*to interest*
el	intérprete m	*translator*
la	isla f	*island*

J

el	joven m	*young person*
	jugar (u→ue)	*to play*
	jugar a los naipes	*to play cards*
	jugar al ajedrez	*to play chess*
	justo/a	*fair*

L

el	laboratorio m	*laboratory*
el	laboratorio de computación m	*computer room*
el	lado m	*side*
	largo/a	*long*
el	latín m	*Latin*
el	lavadero m	*laundry (room)*
la	lavadora f	*washing machine*
	lavarse el pelo	*to wash your hair*
	leal	*loyal*
las	legumbres fpl	*vegetables*
	lejos de	*far from*
	levantar	*to lift*
	levantarse	*to get up*
	libre	*free*
	limpiar	*to clean*
	limpio/a	*clean*
	llevarse bien con alguien	*to get on well with someone*
	llorar	*to cry*
	llover	*to rain*
	llueve	*it is raining*

	luego	*then*
el	lugar m	*place*

M

los	macarrones mpl	*macaroni*
ser	madrugador(a)	*to be an early riser*
	mal	*badly*
lo	malo	*the bad thing*
	mantener (e→ie)	*to keep, maintain*
	mantenerse (e→ie)	*to keep oneself*
	maquillarse	*to put on make-up*
el	mar m	*the sea*
	más de	*more than*
las	matemáticas fpl	*maths*
la	mayoría f	*the majority*
	me da igual	*I don't mind*
a	medianoche	*at midnight*
el	médico m	*doctor*
al	mediodía	*at midday*
	mejor	*better*
el	mejor m	*the best*
	menor	*younger*
	menos mal	*just as well*
al	mes	*per month*
el	mesero m	*waiter*
	mi, mis	*my*
el	microondas m	*microwave*
	mixto/a	*mixed*
la	montaña f	*mountain*
el	motor m	*engine*
	muchas veces	*often, many times*
la	mudanza f	*house move*
	mudarse	*to move house*
los	muebles mpl	*furniture*
la	mujer de negocios f	*business-woman*
la	música f	*music*

N

	nada	*nothing*
	nadar	*to swim*
	nadie	*nobody*
la	natación f	*swimming*
	navegar	*to surf (Internet)*
	navegar en la red	*to surf the net*
	necesitar	*to need*
la	nevera f	*fridge*
	ni..., ni...	*neither, nor*
	ninguno/a/os/as	*not any*
	no importa	*it doesn't matter*
	no sé	*I don't know*
	normalmente	*normally*

el	noroeste m	*the north-west*
el	norte m	*the north*
las	noticias fpl	*news*
	noveno/a	*ninth*
la	novia f	*girlfriend*
	nunca	*never*

O

	obtener (e→ie)	*to get*
	octavo/a	*eighth*
	odiar	*to hate*
la	oficina f	*office*
la	oficina de correos f	*post office*
la	oficina de turismo f	*tourist office*
la	orquesta f	*orchestra*

P

	pagar	*to pay*
las	papas fpl	*potatoes*
la	papelera f	*wastepaper bin*
la	pared f	*wall*
el	partido m	*match*
	pasar	*to happen; to put (on TV, film etc.)*
	pasarlo bien	*to have a good time*
el	pasatiempo m	*pastime*
	pasear	*to go for a stroll*
el	pasillo m	*corridor*
el	pastel m	*cake*
el	patio m	*school yard*
	pedir (e→i)	*to ask for*
	pedir cita/hora	*to make an appointment*
	pedir prestado	*to borrow*
	peinarse	*to comb your hair*
	peligroso/a	*dangerous*
	perder (e→ie)	*to miss*
	perdido/a	*lost*
el	periódico m	*newspaper*
el	periodista m	*journalist*
	pesado/a	*annoying*
la	pescadería f	*fishmonger's*
el	peso m	*weight*
a	pie	*on foot*
la	pierna f	*leg*
el	piloto m	*pilot*
la	piscina f	*swimming pool*
el	piso m	*floor, storey*
	planchar	*to iron*
la	planta baja f	*ground floor*
la	playa f	*beach*
la	plaza f	*square*

en	pleno centro	*right in the middle*
la	población f	*population*
	pocas veces	*rarely*
	poder (o→ue)	*to be able*
	policíaco/a	*detective (adjective)*
	poner la mesa	*to set the table*
	ponerse	*to put on*
	ponerse de acuerdo	*to agree*
el	porche m	*porch, veranda*
	por supuesto	*of course*
el	portugués m	*Portuguese*
el	póster m	*poster*
	práctico/a	*practical*
	preparar	*to prepare*
	prepararse	*to get ready*
	prestar atención a	*to pay attention to*
	primer/o/a	*first*
el	primer día m	*the first day*
la	primera planta f	*first floor*
el	principal m	*head*
los	principios de negocios mpl	*principles of business*
	privado/a	*private*
el	profesor m	*(male) teacher*
la	profesora f	*(female) teacher*
la	propina f	*tip*
	próximo/a	*next*
el	pueblo m	*town, village*
la	puerta f	*door*
la	puesta del sol f	*sunset*

Q

	¡qué bien!	*that's great!*
	¿qué hay de nuevo?	*what's new?*
	¡que lo pases bien!	*have a good time!*
	¡qué pesado!	*what a nuisance!*
	¿qué te pasa?	*what's the matter?*
	¿qué tiempo hace?	*what is the weather like?*
	¿qué tiempo va a hacer?	*what is the weather going to be like?*
	quedarse	*to stay, remain*
los	quehaceres mpl	*chores*
	quejarse	*to complain*
la	química f	*chemistry*
	quinto/a	*fifth*
	quitar el polvo	*to dust*
	quitar la mesa	*to clear the table*
	quitarse	*to take off*

	quizás	*perhaps*

R

el	recreo m	*break (time)*
el	refresco m	*soft drink, cold drink*
el	regalo m	*present, gift*
	regresar	*to return*
	relajarse	*to relax*
la	religión f	*religious education*
	repartir	*to divide, share out, deliver*
	respirar	*to breathe*
la	reunión f	*assembly*
	reunirse	*to meet up*
el	rincón m	*corner*
	rítmico/a	*rhythmic*
la	ropa f	*clothes*
	roto/a	*broken*
el	ruido m	*noise*
	rutinario/a	*routine (adj)*

S

los	sábados	*on Saturdays*
	sacar	*to take out*
la	salida del sol f	*sunrise*
	salir	*to go out*
	salir de casa	*to leave the house*
el	salón m	*living room*
el	salón de belleza m	*beauty salon*
la	salud f	*health*
	se busca	*wanted*
	se dice	*they say*
	seguir (e→i)	*to carry on, continue*
	según	*according to*
	segundo/a	*second*
	seguro	*sure*
	sentarse (e→ie)	*to sit down*
	sentirse (e→ie)	*to feel*
	separado/a	*separate*
	séptimo/a	*seventh*
en	serio	*seriously*
	sexto/a	*sixth*
	siendo	*being*
	simpático/a	*kind*
	sin embargo	*however*
el	sitio m	*place*
	situado/a	*situated*
	situarse	*to be situated*
	sobre (las diez)	*at about (ten)*
el	sofá m	*sofa*
	sortear	*to draw lots*

	sucio/a	*dirty*
	suficiente	*enough*

T

	también	*also*
	tampoco	*neither, nor, either*
	tanto/a/os/as	*so much, so many*
las	tareas fpl	*chores; homework*
en	taxi	*by taxi*
el	teatro m	*drama*
la	telenovela f	*soap opera*
el	televisor m	*television set*
el	tema m	*topic*
	temprano	*early*
los	tenis mpl	*sneakers*
	tercer/o/a	*third*
la	terraza f	*terrace*
	terrorífico/a	*terrifying*
la	tienda f	*shop*
la	tienda de modas f	*clothes shop*
el	tobillo m	*ankle*
	todas las noches	*every night*
	tonto/a	*silly*
	torcido/a	*twisted, sprained*
	trabajador(a)	*hard-working*
	trabajar	*to work*
el	trabajo m	*work*
	tranquilo/a	*quiet*
ser	trasnochador(a)	*to go to bed late*
en	tren	*by train*
el	trimestre m	*term*
el/la	tripulante de cabina	*cabin crew/ air hostess*
	triste	*sad*
el	triunfo m	*triumph*
	tu, tus	*your*
	turístico/a	*touristic*

U

	último/a	*last, latest*
el	último m	*the last one*
la	urbanización f	*housing development*
	útil	*useful*

V

	variado/a	*varied*
	vender	*to sell*
la	ventaja f	*advantage*
	ver	*to see*

	verdad	true
de	verdad	in truth
	vestirse (e→i)	to get dressed
el	veterinario m	vet
una	vez al mes	once a month
de	vez en cuando	from time to time
la	vida f	life
la	visita guiada f	guided visit
la	vista f	view
	vivir	to live
	vivo/a	lively
	volver (o→ue)	to go back, return
el	vuelo m	flight

Z

| la | zapatería f | shoe shop |

Vocabulario

Inglés – Español

A

	abroad	en el extranjero (to be there), al extranjero (to go there)
	accountant	el contable m
	accounting	la contabilidad f
	ache	el dolor m
	action (adj.)	de acción
	active	activo/a
	advantage	la ventaja f, el beneficio m
	after	después
	afternoon	la tarde f
to	agree	ponerse de acuerdo
	airport	el aeropuerto m
	all	todo/a/os/as
	almost	casi
	always	siempre
	ancient	antiguo/a, anticuado/a
	ankle	el tobillo m
to	answer	contestar
	answer	la respuesta f
	apartment	el apartamento m
	area	la zona f
	arm	el brazo m
	armchair	la butaca f
to	arrive	llegar
	art	el arte m
	artistic	artístico/a
	as... as	tan... como
	aspirin	la aspirina f
	assembly	la reunión f
	at the back of	al fondo de
	at what time?	¿a qué hora?
	aunt	la tía f
	avenue	la avenida f

B

	back	la espalda f
	backpack	la mochila f
	bad	malo/a
the weather is	bad	hace mal tiempo
	baker's	la panadería f
	balcony	el balcón m
	ballpoint pen	el bolígrafo m
	baseball	el béisbol m
	basic	básico/a

to	bathe, have a bath	bañarse
	bathroom	el cuarto de baño m
	beach	la playa f
	bed	la cama f
	bedroom	el dormitorio m
	before	antes
	behind	detrás (de)
the	best	el/la/lo mejor
	better	mejor
	bicycle	la bicicleta f
	biology	la biología f
	biscuit	la galleta f
	blackboard	la pizarra f
	block (of flats)	el bloque m
	body	el cuerpo m
to	bore	aburrir
	boring	aburrido/a
to	borrow	pedir (e→i) prestado/a
	boy/girlfriend	el novio m, la novia f
	boys only (school)	masculino
	break	el recreo m
to	breakfast	desayunar
	breakfast	el desayuno m
	broken	roto/a
	brother	el hermano m
	building	el edificio m
	bus	la guagua f, el autobús m
	businessman	el hombre de negocios m
	businesswoman	la mujer de negocios f
	butcher's shop	la carnicería f
to	buy	comprar

C

	cabin crew/ air hostess	el/la tripulante de cabina
	cake	el pastel m
	calculator	la calculadora f
	car	el carro m
	carpenter	el carpintero m
	cartoons	los dibujos animados mpl
	cathedral	la catedral f
	cell phone	el celular m
	chair	la silla f
	championship	el campeonato m

to	change	cambiar
	channel (TV)	el canal m, la cadena f
to	chat	charlar
	cheap	barato/a
	chef	el cocinero m
	chemistry	la química f
	chess	el ajedrez m
	chicken	el pollo m
	childish	infantil
	choir	el coro m
	chores	los quehaceres mpl, las tareas fpl
	church	la iglesia f
	cinema	el cine m
	city, town	la ciudad f
	classroom	el aula f
	clean	limpio/a
	clock	el reloj m
	clothes	la ropa f
	clothes shop	la tienda de modas f
it is	cloudy	está nublado
	coast	la costa f
it is	cold	hace frío
to be	cold	tener (e→ie) frío
to	comb one's hair	peinarse
	comical	cómico/a
	commercial	comercial
	computer	la computadora f
to	cook	cocinar
	cookery	la cocina f
	corner	el rincón m
	court	la cancha f
	cousin	el primo m, la prima f
	cream	la crema f
	creative	creativo/a
	cricket	el criquet m
to	cry	llorar
	cupboard	el armario m
	curious	curioso/a

D

	daily	diario/a
	dance	el baile m
	dangerous	peligroso/a
	day	el día m
	delicious	rico/a
	delightful	encantador(a)
to	deliver	repartir
	designer	el diseñador m
	desk	el pupitre m
	difficult	difícil
	dining room	el comedor m
to have	dinner	cenar

	dinner	la cena f
	dirty	sucio/a
	disadvantage	la desventaja f, el inconveniente m
	discotheque	la discoteca f
	dish	el plato m
to	do, make	hacer
	doctor	el médico m
	documentary	el documental m
	door	la puerta f
	double (bed)	de matrimonio
	downstairs	abajo
	drama	el teatro m
	drawer	la gaveta f
to	dust	quitar el polvo
	Dutch	el holandés m

E

	each	cada
	ear	la oreja f, el oído m
	easy	fácil
	educated	educado/a
	eighth	octavo/a
	either	tampoco
	elbow	el codo m
	electrician	el electricista m
	email	el correo electrónico m
at the	end of	al final de
	engineer	el ingeniero m
	English	el inglés m
	enjoyable	divertido/a
	eraser	la goma f
	evening	la tarde f, la noche f
	exciting	emocionante
	exercise book	el cuaderno m
	exhausted	agotado/a
	expensive	caro/a

F

	facilities	las instalaciones fpl
	fair	justo/a
	fair	la feria f
	family life education	la educación familiar f
	fan (of something)	aficionado/a a
	far (from)	lejos (de)
	father	el padre m
	fever, temperature	la fiebre f
	fifth	quinto/a
	film	la película f
	finger	el dedo m
	first	primer/o/a
	fish	el pescado m
	fishmonger's	la pescadería f

	flight	el vuelo m
	floor	la planta f, el piso m
	flu	la gripe f
	foot	el pie m
on	foot	a pie
	fourth	cuarto/a
	French	el francés m
	fridge	la nevera f
	fruit	la fruta f
	fruit shop	la frutería f
	fun	divertido/a
	funny	gracioso/a

G

	game	el partido m
	game show	el concurso m
	garage	el garaje m
	garden	el jardín m
	geography	la geografía f
to	get dressed	vestirse (e→i)
to	get ready	arreglarse
to	get up	levantarse
	girls only (school)	femenino/a
to	give	dar
	glass	el vaso m
to	go out	salir
to	go to bed	acostarse (o→ue)
to be	good at	estar fuerte en/ser bueno en
the weather is	good	hace buen tiempo
	granddaughter	la nieta f
	grandfather	el abuelo m
	grandmother	la abuela f
	grandson	el nieto m
	green	verde; ecológico/a
	ground floor	la planta baja f
	gymnasium	el gimnasio m

H

	hand	la mano f
	happy	alegre
	hard	duro/a
	hard-working	trabajador(a)
to	hate	odiar
to	have a good time	pasarlo bien
	head	la cabeza f
	headteacher	el director m
	health	la salud f
to	help	ayudar
	her	su, sus
to	hire	alquilar
	his	su, sus
	historic	histórico/a
	history	la historia f
at	home	en casa
	homework	la tarea f, los deberes

		mpl
	honest	honesto/a
	horror (adj.)	de terror
	hospital	el hospital m
it is	hot	hace calor
to be	hot	tener (e→ie) calor
	house	la casa f
	how?	¿cómo?
	however	sin embargo
	how many?	¿cuántos/as?
	huge	enorme
to be	hungry	tener (e→ie) hambre
to	hurt	doler (o→ue)

I

	ice cream	el helado m
	ill	enfermo/a
	imaginative	imaginativo/a
	impartial	imparcial
	important	importante
	industrial	industrial
to	interest	interesar
	interesting	interesante
	interpreter	el intérprete m
to	iron	planchar
	IT	la informática f

J

	job	el empleo m
	journalist	el periodista m
	judo	el judo m
	juice	el jugo m
	justice	la justicia f

K

	kitchen	la cocina f
	knee	la rodilla f

L

	laboratory	el laboratorio m
	language	el idioma m, la lengua f
	last	último/a
	Latin	el latín m
	laundry (room)	el lavadero m
	lawyer	el abogado m
to	learn	aprender
	left	la izquierda f
	leg	la pierna f
	lesson	la clase f
	letter	la carta f
	library	la biblioteca f
to	listen	escuchar
to	live	vivir
	lively	vivo/a
	living room	el salón m

	locker	el casillero m
	long	largo/a
	loyal	leal
to be	lucky	tener (e→ie) suerte
	lunch	el almuerzo m
to have	lunch	almorzar (o→ue)

M

	macaroni	los macarrones mpl
	magazine	la revista f
	main	principal
to	make the bed	hacer la cama
to put on	make-up	maquillarse
	match	el partido m
	mathematics	las matemáticas fpl
	mean	antipático/a
	mechanic	el mecánico m
	microwave	el microondas m
	midday	el mediodía m
	midnight	la medianoche f
	milk	la leche f
	milkshake	el batido m
	mirror	el espejo m
	mixed	mixto/a
	model	el modelo m
	modern	moderno/a
	month	el mes m
	more… than	más… que
	morning	la mañana f
	most	la mayoría f
	mother	la madre f
	mountain	la montaña f
	mouth	la boca f
to	move (house)	mudarse
	music	la música f
	music centre	el aparato de música m
	my	mi, mis

N

	near	cerca de
	neck	el cuello m
	neighbourhood	el barrio m
	neither… nor…	ni … ni…
	netball	el nétbol m
	never	nunca
	new	nuevo/a
	news	las noticias fpl
	newspaper	el periódico m
	next	próximo/a
	next to	al lado de
	nice, kind	simpático/a
	night	la noche f
	ninth	noveno/a
	nobody	nadie
	noise	el ruido m

	noisy	ruidoso/a
	normally	normalmente
	nose	la nariz f
	not one, none	ninguno/a
	nothing	nada
	nurse	la enfermera f

O

	occasionally	de vez en cuando
	of course	por supuesto
	office	la oficina f
	often	a menudo, muchas veces
	old	viejo/a
	only	sólo
	opposite	enfrente (de)
	optimistic	optimista
	orchestra	la orquesta f
	organised	organizado/a
	our	nuestro/a/os/as

P

	park	el parque m
	parking	el estacionamiento m
	patient	paciente
	PE	la educación física f
	pencil	el lápiz m
	pencil case	el estuche m
	perhaps	quizás
	pessimistic	pesimista
	pharmacy	la farmacia f
	photography	la fotografía f
	physics	la física f
	pilot	el piloto m
	pitch	el campo m
to	play (instrument)	tocar
to	play (sport)	jugar (u→ue)
to	play cards	jugar a los naipes
	pleased to meet you	encantado/a, mucho gusto
	police station	la comisaría f
	policeman	el policía m
	polite	cortés
	polluted	contaminado/a
	population	la población f
	Portuguese	el portugués m
	post office	la oficina de correos f
	potato	la papa f
	practical	práctico/a
to	practise	practicar
	precise	escrupuloso/a
to	prefer	preferir (e→ie)
to	prepare	preparar
	pretty	bonito/a

	primary	*primario/a*
	principles of business	*los principios de negocios mpl*
	private	*privado/a*
	programme	*el programa m*
	programmer	*el programador m*
	pupil	*el alumno m, la alumna f*
to	put (on TV, film, etc.)	*pasar*
to	put out the garbage	*sacar la basura*

Q

	question	*la pregunta f*
to	question	*preguntar*
	quiet (person)	*callado/a*
	quiet (person or place)	*tranquilo/a*
	quite	*bastante*

R

	radio	*la radio f*
it is	rainy	*llueve*
	rarely	*raras veces*
	region	*la región f*
to	relax	*relajarse*
	religious education	*la educación religiosa*
to	rent	*alquilar*
	responsible	*responsable*
	restaurant	*el restaurante m*
to	return	*volver (o→ue), regresar*
	rhythmic	*rítmico/a*
	right	*la derecha f*
	romantic	*romántico/a*
	room	*la habitación f*
	routine	*la rutina f*
	row	*la fila f*
	rug	*la alfombra f*
	ruler	*la regla f*
	rural	*rural*

S

	salad	*la ensalada f*
	salary	*el salario m*
to	save (money)	*ahorrar*
	school	*el colegio m, la escuela f, el instituto m*
	science	*las ciencias fpl*
	science fiction	*la ciencia-ficción f*
	scientist	*el científico m*
	sea	*el mar m*
	second	*segundo/a*

	secondary	*secundario/a*
	seldom	*pocas veces*
to	sell	*vender*
	series (TV)	*la serie f*
to	set the table	*poner la mesa*
	seventh	*séptimo/a*
	shelf	*la estantería f*
	shoe shop	*la zapatería f*
	shop	*la tienda f*
	shop assistant	*el dependiente m, la dependienta f*
to do the	shopping	*hacer las compras*
to go	shopping	*ir de compras*
	shopping centre	*el centro comercial m*
	shoulder	*el hombro m*
to	shout	*gritar*
to	shower	*ducharse*
	sincere	*sincero/a*
to	sing	*cantar*
	singer	*el cantante m*
	single (bed)	*individual*
	sister	*la hermana f*
	sixth	*sexto/a*
	small	*pequeño/a*
	smart	*elegante*
	sneakers	*los tenis mpl*
	so many, so much	*tanto/a/os/as*
	soap opera (TV)	*la telenovela f*
	social studies	*los estudios sociales mpl*
	sofa	*el sofá m*
	soft drink	*el refresco m*
	soldier	*el soldado m*
	solitary	*solitario/a*
	sometimes	*a veces*
	space	*el espacio m*
	Spanish	*el español m*
to	speak	*hablar*
to	spend	*gastar*
	sport	*el deporte m*
	sports centre	*el polideportivo m*
	sportsperson	*el deportista m*
	square (town)	*la plaza f*
	stairs	*la escalera f*
	state-run	*público/a*
to	stay	*quedarse*
	stewardess	*la azafata f, la aeromoza f*
	stomach	*el estómago m*
	stove	*la estufa f*
	street	*la calle f*
	strict	*estricto/a*
	student	*el estudiante m*
	stupid	*tonto/a*

	suburbs	las afueras fpl
it is	sunny	hace sol
	supermarket	el supermercado m
to	surf the net	navegar en la red
	sweater	el jersey m
to	sweep	barrer
	swimming pool	la piscina f

T

	table	la mesa f
to	take photos	sacar fotos
	taxi	el taxi m
	teacher	el profesor m,
		la profesora f,
		el maestro m,
		la maestra f
	team	el equipo m
	technical drawing	el dibujo técnico m
	teeth	los dientes mpl
	television	la televisión f
	tennis	el tenis m
	tenth	décimo/a
	textbook	el libro m
	theatre	el teatro m
	their	su, sus
	then	luego
	there is/are	hay
	third	tercer/o/a
	thirsty	tener (e→ie) sed
	throat	la garganta f
	time	la hora f
	timetable	el horario m
	tip	la propina f
	tired	cansado/a
	today	hoy
	tomorrow	mañana
	too (much, many)	demasiado/a
	tourist office	la oficina de
		turismo f
	touristic	turístico/a
	town hall	el ayuntamiento m
	traffic	el tráfico m
	train	el tren m
to	train	entrenar
	trainer	el entrenador m
	translation	la traducción f
to	travel	viajar
	truck	la camioneta f
	true	verdad

U

	uncle	el tío m
to	undress	desvestirse (e→i)
	uniform	el uniforme m
	unkind	antipático/a

	upstairs	arriba
	useful	útil
	useless	inútil
to	vacuum	pasar la aspiradora
	vegetables	las legumbres fpl
	veranda	el porche m
	vet	el veterinario m
	video game	el videojuego m
	view	la vista f
	village	la aldea f, el pueblo m
	volleyball	el voleibol m

W

	wages	el salario m
	waiter	el mesero m
to	wake up	despertarse (e→ie)
	wall	la pared f
to	wash	lavar
to	wash oneself	lavarse
	washing machine	la lavadora f
to do the	washing up	fregar (e→ie) los platos
	wastepaper bin	la papelera f
to be	weak in	estar flojo en
	website	el sitio/página de
		internet m
	welcome	bienvenido/a
	what?	¿qué?
	when?	¿cuándo?
	where?	¿dónde?
	which?	¿cuál?
	who?	¿quién?
	why?	¿por qué?
	wide	ancho/a
	window	la ventana f
it is	windy	hace viento
	work	el trabajo m
to	work (function)	funcionar
to	work (do a job)	trabajar
to	write	escribir

Y

	yard	el patio m
	year	el año m
	yesterday	ayer
	young	joven
	your	tu, tus (familiar), su,
		sus (polite)

OXFORD
UNIVERSITY PRESS

Great Clarendon Street, Oxford, OX2 6DP,
United Kingdom

Oxford University Press is a department of the
University of Oxford.
It furthers the University's objective of excellence in
research, scholarship, and education by publishing
worldwide. Oxford is a registered trade mark of
Oxford University Press in the UK and in certain
other countries

First published by Nelson Thornes Ltd in 2007
This edition published by Oxford University Press
in 2018

British Library Cataloguing in Publication Data
Data available

978-0-19-842594-6

11

Paper used in the production of this book is a
natural, recyclable product made from wood grown
in sustainable forests. The manufacturing process
conforms to the environmental regulations of the
country of origin.

Printed in India by Multivista Global Pvt. Ltd.

Acknowledgements

This second edition of ¿Qué hay? is dedicated to the
memory of our dear colleague, Georgia Pinnock. Her
calm professionalism, her quiet sense of fun, and
her extremely helpful contributions were invaluable,
and will continue to inspire. Grateful thanks are also
due to Yorley Méndez for her invaluable help in the
preparation of the book.

The publisher and authors would like to thank the
following for permission to use photographs and
other copyright material:

Cover: DMEPhotography/iStockphoto; **p4(t):** Ken
Welsh/Alamy Stock Photo; **p4(l):** katatonia82/
Shutterstock; **p4(r):** Christa Knijff/Alamy Stock Photo;
p5: Shutterstock; **p21:** iStockphoto; **p23(l):** Tony
Arruza/Getty Images; p23(r): Rob Thompson/OUP;
p32: Volina/Shutterstock; **p72:** James Baylis - AMA/
Getty Images; **p78:** pixelheadphoto digitalskillet/
Shutterstock; **p107(t):** Robert Fried/Alamy Stock
Photo; **p107(b):** Simon Vine/Alamy Stock Photo; **p108,
110(r):** robertharding/Alamy Stock Photo; **p110(l):**
Stock Connection/Superstock; **p111(l):** Alex Segre/
Alamy Stock Photo; **p111(m):** Fabienne Fossez/Alamy
Stock Photo; **p111(r):** Melvyn Longhurst / Alamy Stock
Photo; **p111(b):** phb.cz/Depositphotos; **p117:** Bruno
Chechi/Shutterstock; **p149(t):** WENN UK/Alamy Stock
Photo; **p149(b):** TIMOTHY A. CLARY/Getty Images;
p151(t): John Giles/PA Archive/PA Images; **p151(b):**
Javier Lizon/EPA-EFE/REX/Shutterstock.

Illustrations by Mark Draisey, KJA, Mike Bastin,
Nigel Kitching, Roger Penwill, Sarah Wimperis,
and David Russell.

We are grateful to the following for permission to
reprint copyright material:

**Centro Escolar Católico, Nuestra Señora de
Lourdes**, El Salvador, for 'En tus aulas aprendi', poem
written by a student in 2013.

Although we have made every effort to trace
and contact all copyright holders before
publication this has not been possible in
all cases. If notified, the publisher will rectify
any errors or omissions at the earliest opportunity.